愿化青春成利剑

时代使命育人

U0724971

林移刚 蒋晓丽 常慧明 等 编著

重庆大学出版社

图书在版编目(CIP)数据

愿化青春成利剑：时代使命育人 / 林移刚等编著
. --重庆：重庆大学出版社，2024.4
（新文科建设：以文化人系列丛书）

ISBN 978-7-5689-4465-6

Ⅰ.①愿… Ⅱ.①林… Ⅲ.①地方高校—社会服务—
研究—四川 Ⅳ.①G648.4

中国国家版本馆 CIP 数据核字（2024）第 071774 号

愿化青春成利剑——时代使命育人

YUAN HUA QINGCHUN CHENG LIJIAN—SHIDAI SHIMING YUREN

林移刚 蒋晓丽 常慧明 等 编著
责任编辑:唐启秀 版式设计:唐启秀
责任校对:关德强 责任印制:张 策
*
重庆大学出版社出版发行
出版人:陈晓阳
社址:重庆市沙坪坝区大学城西路 21 号
邮编:401331
电话:(023)88617190 88617185(中小学)
传真:(023)88617186 88617166
网址:http://www.cqup.com.cn
邮箱:fxk@cqup.com.cn(营销中心)
全国新华书店经销
重庆愚人科技有限公司印刷
*
开本:890mm×1240mm 1/32 印张:5 字数:113 千
2024 年 4 月第 1 版 2024 年 4 月第 1 次印刷
ISBN 978-7-5689-4465-6 定价:25.00 元

总序

以文化人 生生不息
——新文科建设：以文化人系列丛书总序

四川外国语大学党委书记 邹 渝

　　四川外国语大学，简称"川外"（英文名为Sichuan International Studies University，缩写为SISU），位于歌乐山麓、嘉陵江畔，是我国设立的首批外语专业院校之一。古朴、幽深的歌乐山和清澈、灵动的嘉陵江涵养了川外独特的品格。学校在邓小平、刘伯承、贺龙等老一辈无产阶级革命家的关怀和指导下创建，从最初的中国人民解放军西南军事政治大学（以下简称"西南军政大学"）俄文训练团，到中国人民解放军第二高级步兵学校俄文大队，到西南人民革命大学俄文系、西南俄文专科学校（以下简称"西南俄专"），再到四川外语学院，至2013年更名为四川外国语大学。学校从1979年开始招收硕士研究生，2013年被国务院学位委员会批准为博士学位授予单位，2019年经人社部批准设置外国语言文学博士后科研流动站。学校在办学历程中秉承"团结、勤奋、严谨、求实"的优良校风，弘扬"海纳百川、学贯中外"的校训精神，形成了"国际导向、外语共核、多元发展"的办学特色，探索出一条"内涵发展，质量为先，中外合作，分类培养"的办学路径，精耕细作，砥砺前行，培养了一大批外语专业人才和复合型人才。他们活跃在各条战线，为我国的外交事务、国际商贸、教学科研等各项建设作出了应有的贡献。

经过七十三年的发展，学校现已发展成为一所以外国语言文学学科为主，文学、经济学、管理学、法学、教育学、艺术学、哲学等协调发展的多科型外国语大学，具备了博士研究生教育、硕士研究生教育、本科教育、留学生教育等多形式、多层次的完备办学体系，主办了《外国语文》《英语研究》等有较高声誉的学术期刊。学校已成为西南地区外语和涉外人才培养以及外国语言文化、对外经济贸易、国际问题研究的重要基地。

进入新时代，"一带一路"倡议、"构建人类命运共同体"和中华文化"走出去"等国家战略赋予了外国语大学新使命、新要求和新任务。随着"六卓越一拔尖"计划2.0（指卓越工程师、卓越医生、卓越农林人才、卓越教师、卓越法治人才、卓越新闻传播人才教育培养计划2.0和基础学科拔尖学生培养计划2.0）和"双万"计划（指实施一流专业建设，建设一万个国家级一流本科专业点和一万个省级一流本科专业点）的实施，"新工科、新农科、新医科、新文科"建设（简称"四新"建设）成为国家高等教育的发展战略。2021年，教育部发布《新文科研究与改革实践项目指南》，设置了6个选题领域、22个选题方向，全面推进新文科建设研究和实践，着力构建具有世界水平、中国特色的文科人才培养体系。

新文科建设是文科的创新发展，目的是培养能适应新时代需要、能承担新时代历史使命的文科新人。2020年11月3日，全国有关高校和专家齐聚中华文化重要发祥地山东，共商新时代文科教育发展大计，共话新时代文科人才培养，共同发布《新文科建设宣言》。这里，我想引用该宣言形成的五条共识。

一是提升综合国力需要新文科。哲学社会科学发展水平反映着一个民族的思维能力、精神品格和文明素质，关系到社会的繁荣与和谐。

二是坚定文化自信需要新文科。新时代，把握中华民族伟大复兴的战略全局，提升国家文化软实力，促进文化大繁荣，增强国家综合国力，新文科建设责无旁贷。为中华民族伟大复兴注入强大的精神动力，新文科建设大有可为。

三是培养时代新人需要新文科。面对世界百年未有之大变局，要在大国博弈竞争中赢得优势与主动，实现中华民族复兴大业，关键在人。为党育人、为国育才是高校的职责所系。

四是建设高等教育强国需要新文科。高等教育是兴国强国的"战略重器"，服务国家经济社会高质量发展，根本上要求高等教育率先实现创新发展。文科占学科门类的三分之二，文科教育的振兴关乎高等教育的振兴，做强文科教育推动高教强国建设，加快实现教育现代化，新文科建设刻不容缓。

五是文科教育融合发展需要新文科。新科技和产业革命浪潮奔腾而至，社会问题日益综合化、复杂化，应对新变化、解决复杂问题亟须跨学科专业的知识整合，推动融合发展是新文科建设的必然选择。进一步打破学科专业壁垒，推动文科专业之间深度融通、文科与理工农医交叉融合，融入现代信息技术赋能文科教育，实现自我的革故鼎新，新文科建设势在必行。

为全面贯彻教育部等部委系列文件精神和全国新文科建设工作会议精神，加快文科教育创新发展，构建以育人育才为中心的文科发展新格局，重庆市率先在全国设立了"高水平新文科建设高校"项目。而四川外国语大学有幸成为重庆市首批"高水平新文科建设高校"项目三个入选高校之一。这就历史性地赋予了我校探索新文科建设的责任与使命。我们要立足"两个一百年"奋斗目标的历史交汇点，准确把握新时代发展大势、高等教育发展大势和人才培养大势，超前识变，积极应变，主动求变，以新文科理念为指引，谋划新战略，探索新路径，深入思考学校发展的战略定位、模式创新和条件保障，构建外国语大学创新发展新格局，努力培养一大批信仰坚定、外语水平扎实，具有国际化视野和国际治理能力的高素质复合型国际化人才。

基于上述认识，我们启动了"四川外国语大学新文科建设系列"丛书编写计划。这套丛书将收录文史哲、经管法、教育学和艺术学等多个学科专业领域的教材，以新文科理念为指导，严格筛选程序，严把质量关。在选择出版书目的标准把握上，我们既注重能体现新文科的学科交叉融合精神的学术研究成果，又注重能反映新文科背景下外语专业院校特色人才培养的教材研发成果。我们希望通过丛书出版，积极推进学校新文科建设，积极提升学校学科内涵建设，同时也为学界同仁提供一个相互学习、沟通交流的平台。

"新文科建设：以文化人系列"是"四川外国语大学新文科建设系列"丛书中率先启动的部分。以"以文化人"的面目出现，充分体现了新文科建设中"价值引领"的极端重要性，凸显了"价值引领"在新文科建设中的牵引作用。

这是因为：文化自信是实现中华民族伟大复兴的精神力量。社会主义核心价值观是文化最深层次的要素，文化自信在根本上取决于社会主义核心价值观的生命力、凝聚力、引领力。围绕举旗帜、聚民心、育新人、兴文化、展形象的使命任务，大力推动中华优秀传统文化创造性转化、创新性发展，培育践行社会主义核心价值观，高等文科教育作为培养青年人自信心、自豪感、自主性的主战场、主阵地、主渠道，坚持以文化人、以文培元，大力培养具有国际视野和国际竞争力的时代新人，新文科建设任重道远。

"新文科建设：以文化人系列"由我校二级教授、当代中国研究院首席研究员，重庆市文化软实力研究中心主任，原党委常委、纪委书记苟欣文教授领衔，组织我校中青年教学科研骨干担纲，围绕"以文化人"主题，分别从时代使命、红岩精神、世界多元文化、中华优秀传统文化、电影节展文化、校史文化、大学生社区文化等角度切入，比较全面、深入地总结了我校文化育人的成果。同时，本系列作为苟欣文教授负责的重庆市高校思想政治教育"十大育人"精品项目"文化育人"类型唯一立项的"构建'八大平台'，把'双红基因'和'多元文化'融入'三全育人'实践体系"课题的最终成果，还比较好地兼顾了兄弟高校在文化育人方面取得的成果。

本项目从立项到出书，历时三年有余。

如今，交由重庆大学出版社公开出版的本系列共包括七本：

《愿化青春成利剑——时代使命育人》（林移刚等编著）；

《千秋青史永留红——红岩精神育人》（苟欣文等编著）；

《各美其美　美美与共——世界多元文化育人》（朱天祥等编著）；

《国学根柢　世界眼光——中华优秀传统文化育人》（薛红等编著）；

《光影沁润心灵——电影节展文化育人》（丁钟编著）；

《海纳百川　学贯中外——校史文化育人》（官晴华等编著）；

《润物细无声——大学生社区文化育人》（崔光军等编著）。

本系列着重理论成果向实践路径的转化，至于学术原创，或许并非作者们的初衷。各位编写老师坚持这一明确定位，保证了这个系列成果在同类教材中的独特价值。这条路子是正确的，广大师生是会认可并喜欢上这套选题独到、装帧典雅、文字鲜活、图文并茂的参考教材的。

《周易》云："观乎天文，以察时变；观乎人文，以化成天下。"

这是中国文化传统中"文化"和"人文"这两个概念最早的出处。文化最终就是要"人文化成"。在现代社会,"文化"演化成了一个名词,但实际上,文化原本是一个动词,它的落脚点就在这个"化"字上。无论是感化,还是教化,都体现了文化的本身价值和社会功能。以文化人才是正解。

探索以文化人,是一项长期而艰苦且正在行进中的工作。客观地讲,本系列目前还只是一个阶段性的成果。尽管编者们已尽心尽力,但成果转化的空间仍然很大。尤其是,书中提出的一些路径是否完全可行,还需要时间和实践验证。但无论如何,这是一个良好的开始,我相信以后我们会做得越来越好。

感谢重庆大学出版社领导和编辑对本系列的大力支持。由于时间仓促,且囿于我们自身的学识和水平,本系列肯定还有诸多不足之处,恳请方家批评指正。

以文化人,生生不息。

2023年6月18日写于歌乐山下

绪论

　　七十年筚路蓝缕，七十年使命育人。时代使命育人，是立足中国大地办高等教育的重要特色。四川外国语大学自从办学以来，一直坚持把育人使命融入办学的全过程，以立德树人、服务社会为根本任务，秉承文化育人使命，服务于国家战略，急国之所难，解国之所急。在发展中始终不忘初心，在服务国家战略中培养具有"家国情怀"的高层次人才，在办学历程中传承军事大学的血脉，立足国家使命与时代使命，将学校的发展同国家的发展紧紧联系在一起，书写新时代使命育人的光辉篇章。

　　文化是一个国家、一个民族的灵魂。一个民族要实现复兴，既需要强大的物质力量，也需要强大的精神力量。强大的精神力量来自文化的滋养，这种文化的养分来自两个方面，一是在人民实践中不断积累的物质基础，二是根植于中华优秀传统文化的丰富内涵。文化作为一种精神力量，能够在人们认识世界、改造世界的过程中转化为物质力量，对社会发展产生深刻的影响。它同时对人具有深刻的教化功能，就个人而言，文化塑造个人人格，实现人的社会化；就团体而言，文化起着目标、规范、意见和行为整合的作用；对于整个社会，文化起着社会整合和社会导向的作用。一个国家、一个民族不能没有文化的滋养。

党的十八大以来，习近平总书记对文化强国的重要思想做了多次论述。以文化人、以文育人是加强学校思想政治工作的重要举措。学校是人才培养的摇篮，应当肩负文化育人的重要使命。从普遍意义上说，教育过程是学生在教师引导下的文化实践过程。理解和习得人类和民族文化，内化和传承文化，获得文化的同一性，以及具有文化自信和文化自觉的意识和能力，是人发展的本质诉求，更是课堂教学的价值追求。高校一直是文化育人的主阵地，"文化育人"是一个极其重要的教育思想。高校在办学过程中的重要使命就是为国家和社会输送人才，高校在人才培养过程中秉持"文化育人"的教育理念，向社会培养具有家国情怀的人才。高校的文化育人始终服务于国家和社会发展。四川外国语大学在实现立德树人的育人使命的同时，发挥外语优势和特色服务社会，为提升重庆内陆开放高地建设水平、创造更好的开放经济环境、促进重庆产业国际化和多元化发展提供智力支撑和人才支持，将国家发展战略需要与日常培养环节紧密结合。

回望四川外国语大学七十余年发展历程，秉承"军大"传统，在服务国家战略中铸魂育人，立足国家使命与时代使命，将家国情怀融入立德树人伟业，书写新时代新使命育人的业绩。由军大逐渐发展为现今的以外国语言文学学科为主，文学、教育学、经济学、管理学、法学、艺术学等学科协调发展的多科型外国语大学。每一次蜕变都是与国家和社会的发展紧密相连。新中国成立之初，国家急需俄语人才。1950年3月，根据中央关于培养俄语干部的指示，西南军区作出决定组建俄文训练团，这正是四川外国语大学的前身。1953年，俄文训练团改为西南俄文专科学校。1959年5月，为适应我国大规模的经济建设和文化建设事业的发展，满足中等学校普遍开设外语课程的迫切需要和对外经济文化联系日益增多的需要，西南俄文专科学校发展为"四川外语学院",把社会之需作为发展之任。1963年,按教育部《关于开办外国语学校的通知》,四川外国语大学被指定为接收外国语学校毕业生的十二所高等学校之一。学校经过多年的发展,成功申大,教育部同意更名为"四川外国语大学",发展再上新台阶。四川外国语大学的每一次蜕变都响应国家和社会的需要,为国家和社会培养了一批批外语人才,一代代四川外国语大学人接续投身服务祖国的事业,都在为国家和社会贡献着属于自己的力量。特别是十八大以来,四川外国语大学人投身国家的脱贫攻坚、乡村振兴、区域经济发展等国家战略,展现了四川外国语大学的作为。在服务国家与社会中通过文化育人,与国家同频共振。

四川外国语大学传承红色基因,继承"军大"传统。把"为党育人、为国育才"作为办好人民满意的高等教育的初心使命。学校背靠歌乐山,紧邻红岩展览馆、白公馆、渣滓洞等红色教育基地。学校充分利用红色资源,通过红色文化育人,继承先辈遗志,通过加强党建发展为学生立"根",以强化思政工作为学校发展铸"魂",构建全方位、多层次、立体化的党建与思政工作新格局,推动学校事业内涵式、高质量发展,全力培养担当民族复兴大任的时代新人。党的十八大以来,学校深入贯彻落实习近平总书记关于扶贫工作的重要论述,统筹人才、学科等优势资源,精准对接贫困县实际需求,举全校之力把先进的理念、人才、技术、经验等落地到贫困地区,推动各类资金、项目、管理等要素向贫困县聚集,探索形成了教育扶贫、智力扶贫、产业扶贫、健康扶贫、消费扶贫、文化扶贫等具有"高校品牌"的中国特色扶贫路径,取得了显著成效,通过教育扶贫书写脱贫攻坚的时代篇章。在脱贫攻坚与乡村振兴过程中,四川外国语大学派驻参与脱贫攻坚与乡村振兴的第一书记亲身参与祖国的山乡巨变，与村民同吃同住同劳动，把课堂搬到广袤的乡村，扎根热土的时代奉献，在扶贫中发挥高校育人的作用与价值。从脱贫攻坚到乡村振兴再到区域经济发展，处处皆有四川外国语大学人的身影。学校把办学定位融入地方经济社会发展，在办学中调整定位，面向重庆，服务西南。学校坚持"走出去"方针办学，强化校企合作、校地合作、产教融合的多项举措，通过产业人才培养和学校创新创业教育、各类各级学生创新创业竞赛与实践，与地方经济社会发展的融合，体现立德树人与区域经济社会发展助力的紧密结合。

背靠歌乐，面向嘉陵，开川外门，见山外山。新形势下，四川外国语大学加强和创新文化育人工作，紧紧把握时代主旋律，聚焦文化认同，培育文化自觉，提升文化自信，注重以文化人、以文育人，致力于培育新时代特色大学文化，为培养担当民族复兴大任的时代新人提供强大的文化支撑。提升社会服务水平，朝着加快建设特色鲜明高水平应用研究型外国语大学的目标不断迈进！

目录

愿化青春成利剑

SISU

时代使命育人

01

第一章

红色基因：军大传统服务国家战略与育人使命

时光知味，岁月沉香。四川外国语大学从人民军队中来，继承了光荣的军大传统，坐落在歌乐山畔，深受红岩精神的浸染。学校成立之初，便以服务国家和地方建设为己任。一代又一代四川外国语大学人更是为民族振兴、国家富强和人民幸福而不懈奋斗。随着中国一步步走近世界舞台中央，学校也紧跟时代大潮，从未停止发展的脚步。从早期的外语专科学校，到如今多科型外国语大学，四川外国语大学始终主动对接国家战略，加强学科专业建设，致力于服务经济社会发展。"不忘本来，吸收外来，面向未来。"四川外国语大学在未来将紧扣时代脉搏，传承红色基因，牢固树立守正创新、融合特色的发展理念，以立德树人为根本，以"新文科""双一流"建设为引领，全面提升学校的核心竞争力和办学质量，努力建成让党放心、让人民满意的特色鲜明的高水平应用研究型外国语大学，为重庆对外开放和社会发展、经济发展作出新的更大贡献。

军大红岩　薪火相传

习近平总书记曾说:"重庆是一块英雄的土地,有着光荣的革命传统。"今天四川外国语大学就坐落于山城,坐落在歌乐山下、嘉陵江边。它发轫于西南军政大学,根植于"红岩革命圣地"热土,传承红色基因,始终以服务国家为目的,几十年如一日,磐石之心从未改变。七十多年的薪火相传,四川外国语大学继承了人民军队光荣的革命传统和使命精神。

穿梭时光,走进历史。中华人民共和国刚刚宣告成立之时,百废待兴,百业待建。彼时的新中国,犹如一个呱呱坠地的婴儿,内里蕴含着无穷的希望与力量。为了使婴儿茁壮成长起来,全国人民进行着艰苦的奋斗为其提供发展的养料,但仅仅依靠内在的力量是远远不够的,还需要取得国际上的支持。此时,以美国为首的资本主义国家对中国实行抵制与封锁,我们只能采取"一边倒"的政策,依靠以苏联老大哥为首的社会主义阵营。受国家这一外交战略的影响,在最短时间内培训出一批俄文翻译干部,成为新生共和国的当务之急。

急国之所难,解国之所急。中国人民解放军西南军区军事政治大学高举报国旗帜，肩扛社会大任，于1950年5月成立了西南军事政治大学俄文训练团，也就是四川外国语大学的前身。

　　犹记得俄文团成立初期，缺少教员和教材，生活条件也很差，学校就建在一个小山洞里，校区是一片荒地，图书馆是一顶小棚。尽管俄文团建立仓促，但党委领导从来都将培育俄文人才放在中心位置。不仅如此，俄文团中的所有人也始终保持高昂的政治热情、奋发向上的革命精神、勤奋刻苦的学习态度，定期进行思想汇报工作。据程贤光回忆："那时条件艰苦，房顶上是茅草，第一位老师是一个苏联修鞋匠。但600多个学生坚定地想学俄语，想为国家作贡献。"来自五湖四海的全团成员拧成一股绳，劲往一处使，齐心协力学好俄语，不负韶华。由此可见，四川外国语大学人从一开始便以苦为乐、不惧荆棘、迎难而上，再崎岖的学习之路也不能放缓四川外国语大学人奋勇前进的脚步。

图1.1　中国人民解放军西南军区军政大学俄文训练团时期（歌乐山山洞校址）

　　一分耕耘，一分收获。俄文团上下一心的努力得到了回报。短短两年，便为国家培养了几百名俄文翻译干部，学员们的思想觉悟和俄文水平都是无可挑剔的。除了这些俄文翻译干部，还有一批俄文团的优秀学员主动请缨，留在学校当老师。"教师是立教之本、兴教之源。"这批留教的学员深知花朵的培育离不开园丁的呵护，而彼时的学校教员又如此紧缺，舍弃了其他发展机会，选择扎根四川外国语大学，

图1.2 1950年11月，参加阅兵的俄文训练团女兵大队通过主席台

潜心教学。这是受军大无私奉献精神的浸染，也是四川外国语大学人对后生爱的传递。

在中国共产党的领导下，广大人民艰苦奋斗，襁褓中的新中国元气渐长。列宁曾表示要知道敌人写些什么、讲些什么和做些什么，而外语知识便是认识敌人、学习先进的最有效方法之一。政治、经济、文化等多方面的迅速发展，国家需要大量的专业外语人才投入到社会主义建设中来。至此，学校紧跟时代大潮，随着国之所需改制和发展，坚毅果决地踏上了正规办高等教育的艰难历程。

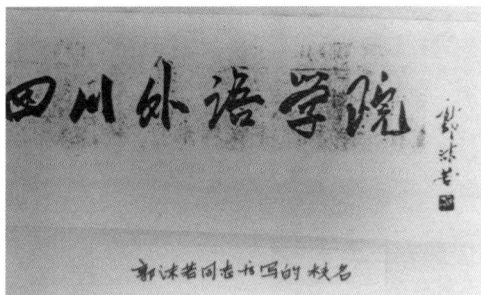

图1.3 1959年3月，郭沫若先生题写的本校校名影印件

由从前的西南俄文专科学校扩建为四川外语学院，学校幸得郭沫若先生题写校名。扩建成院，彰显着国家

对外语人才培育始终如一的重视，更给了四川外国语大学后续砥砺前行莫大的鼓舞。由校改院，学校迈入了新的发展时期，标志着学校在前进的道路上又进入了一个历史性的新阶段，从单一事业发展到多种事业的阶段，将和有关兄弟院校共同担负起培养西南地区乃至全国各地的外语教师和其他外语工作者的任务。

顺应国家外交战略，学校设四年制俄语专业和英语专业，不拘一格，采纳众长，苏联和英美两手抓。这一时期，学校有关科学研究工作也稳中有进地开展着，研究的内容主要是外语语言现象、语言理论、外、汉语语言对比和外语教学法，以及结合外语教学的外国文学研究等。不仅如此，学校还积极革新，坚持"从教学实际出发，与教师深入地掌握外语相结合，为提高教学质量，发展我国外语教学事业和外语语言科学服务"的方向，既针对了当前学校教学中存在的问题，也照顾到教学的长远需要和外语语言科学发展的需要。

可天有不测风云，"文革"伊始，学校秩序名存实亡，教学工作受到重创停滞不前。直至1972年4月，学校在停止招生6年后，重新打开大门迎接新生。第一届"工农兵学员"新生正式进校开始学习，标志着学校重新踏上为国育才之路。四川外国语大学师生虽历经"文革"，却始终保有"踏平坎坷

图1.4 1972年4月，学校迎来首批工农兵学员进校学习

成大道，斗罢艰险又出发"的顽强意志，"千磨万击还坚劲，任尔东西南北风"的坚韧气节。遗憾的是，学校6年后停止招生，少为国家培养近两千名外语人才。

岁月悠悠，1973年开始，中国与一衣带水的邻邦日本化开战后的"坚冰"，之后以闪电般的速度与日本达成邦交正常化。两国间的交往更是随着破冰的关系逐年增多，日语专业人

图1.5 日语系黄瀛教授（右二）指导年轻教师

才的需求日益增大。随着中日两国在各个领域的交流日益频繁，市场对日语人才的需求也急剧增多。学校本着服务国家、服务社会的原则，开始积极筹划开办日语专业，培养高素质的日语人才。经由学校的不懈努力，终于开办成功。

随着党的十一届三中全会的召开，改革开放的新春到来。盛况空前的全国科学大会拨开重重浓雾，彻底解放了中国的知识分子，解放了中国的科学，迎来了科学技术事业大发展的春天。伴随着盎然的春意，学校吹响嘹亮的改革号角，大刀阔斧地拨乱反正。恢复统一高考，恢复教学大纲、教学计划，落实知识分子政策等。学校与时俱进，制订了相关规划：三年内大治学校，整顿提高；八年内教育工作大发展，质量有提高，基本上适应社会主义建设的需要，在教学质量和科研水平上有较大突破；教师队伍在数量和质量上都有较大发展；建立科研机构，出版学报。

新的起点，新的位置。学校便对自身发展有新的要求，要达到新的水平。从恢复高考开始，中国教育步入了改革与发展的新征程。1984年，学校首次参加四川省和重庆市哲学社会科学成果评选活动。其中1982年新出版的《俄语教学词典》（上册）受到全国俄语界的高度评价，并选送参加了联合国教科文组织在莫斯科和法兰克福举办的国际书展。科研工作的蓬勃发展，营造了浓厚的学术氛围，推动了国内外的学术交流活动。1983年10月，重庆市政治经济学教学讨论会在学校举行；11月，中国俄语教育研究会第一次学术讨论会在学校召开，来自全国60多所院校80多位代表出席；1984年，中国加拿大研究会在学校举行成立大会；1985年，"席勒与中国·中国与席勒"国际学术大会在学校成功举办，是我国外语界第一次举办的大型

图1.6 1985年，"席勒与中国·中国与席勒"国际学术大会在学校举行

国际学术交流活动，得到了国内外广泛的支持和重视。

踵事增华，踔厉奋发。改革开放不断深化以来，学校积极进取，在学术出版、学术交流及学术活动的开展方面都取得令人瞩目的成绩。这一时期，学校先后邀请了师哲、戈宝权、季羡林、李莎、赵洵等国内著名教授、学者来校讲学；美国戈申学院院长劳伦斯·霍尔德、加拿大知名人士文幼章、

纽约州立大学教授美籍华人伍承祖、日本神奈川县教育委员会委员长阿部治夫、民主德国佩措尔德教授等，以及日本儿童文学代表团、美国惠特曼

图1.7 1986年，全国首次外国儿童文学座谈会在学校召开

学院教授代表团，先后来校讲学或访问。这些友好往来和学术交流，推动了学校科研工作的进展，促进了教师业务水平的提高。一批教师担任了全国或省市的学术团体的领导职务，发挥了学术带头人的作用。

大学是培养人才的摇篮。四川外国语大学作为西南地区外语和涉外人才的重要培养基地，为国家培养了大批外语基础教育人才，源源不断地为地方学校提供高质量外语师资。学校还积极发展外语培训事业，建立了西南地区最完善的外语培训基地和中外各类外语考试点体系。此外，学校根据学科发展规律和经济社会发展需求，以高度的责任感开展教育教学改革，设立非外语专业。学校逐步形成了"国际导向、外语共核、多元发展"的办学特色，开拓出一条"内涵发展，质量为先，中外合作，分类培养"的办学路径，为党和国家培养了数以十万计的外贸与外交人才，直接推动了重庆和中西部地区的对外开放与交流。

大学是科研创新的重要阵地。一所大学必须有科研，才是具有活力的大学。科研可以创新知识，而且对创造性人才的培养也起到直接或间接的作用，所以，尽管面临经费问

图1.8 1989年7月6日，俄语系1986级硕士研究生论文答辩会后师生合影。（前排左三为苏联文教专家叶莲娜·西列茨卡娅，右三为副院长蓝仁哲，左二为研究生导师冯作洲，左一为党委副书记张洪良）

题，学校也坚守着科研阵地。1987年学院组建中外文化研究所。该所下设国外中国学研究室、国外藏学研究室、传记文学研究室。同年12月，中国俄语教学研究会西南分会成立大会暨第一次学术讨论会在学校召开。次年，学校林亚光教授取得科研成果7项：分别获国家奖1项、省级奖4项、市级奖2项。另有多名教师获重庆市外文学会科研成果奖。步入改革开放的快车道后，学校更是显示出独特的科研竞争力，紧盯未来趋势，收获一个又一个创新硕果，攀登一个又一个科研高峰。1991年7月正式成立科研处，学校科研工作进入一个新阶段。通过一系列改革措施，加大了宣传力度，加强了对科研所、室的管理，激励了广大教师从事科学研究的积极性。其间，学校共出各类科研成果582项。这些珍贵的科研成果足以证明四川外国语大学具有完成历史使命的学术积累和文化积淀，具有承担这一重任的视野和能力。

1991年至1995年，是改革开放和社会主义现代化建设事业承前启后、继往开来的重要时期，是高等教育加快现代化步伐的关键时期，是学校迈入大改革、大开放、大发展的重要时期。这期间，学校在邓小平理论和党的十四大精神的指引和

图1.9 1991年4月，我院代表与苏联沃罗涅日大学校长商谈合作办学事宜

鼓舞下，抓住机遇，深化改革，认真落实《中国教育改革与发展纲要》，全面贯彻党的教育方针，坚持社会主义办学方向，以改革为动力、学科建设为重点、队伍建设为保证、教学科研为中心、培养高素质外语人才为目的，学校高等教育办学水平和教育教学质量提高到新的高度。

千禧年前后，是跨越世纪的关键节点，彼时学校的社会影响越来越大，四川外国语大学品牌得到进一步提升。

七十多年的风雨兼程，四川外国语大学深受歌乐山这片红色热土的浸染。从最初的歌乐山山洞到现今的沙坪坝烈士墓，学校与这块红色热土有着不可分割的亲密联系。顺着学校门口的山路向上走，就能看到闻名全国的革命遗迹"白公馆""渣滓洞"，革命烈士小萝卜头被埋葬在这里，爱国将领杨虎城将军也长眠于此。

这里是红岩精神的发源地，提供着滋养四川外国语大学人的精神之钙。在那风雨如磐的革命岁月，老一辈无产阶级革命家、共产党人和革命志士不畏艰险，勇于牺牲，展现出

崇高的思想境界、坚定的理想信念、巨大的人格力量和浩然的革命正气，培育和形成了伟大的红岩精神。如今，这儿新建了红岩革命纪念馆，依然完整地保留着八路军驻渝办事处

图1.10 红岩革命纪念馆

大楼，陈列着毛泽东、周恩来等老一辈无产阶级革命家的办公室，成为人们接受革命传统教育的重要基地。徜徉在歌乐山的林中小道，仿佛还可以看到当年的刀光剑影，还可以听到先辈们的谆谆教诲。

人无精神则不立，国无精神则不强。以江竹筠、王朴、陈然等为代表的川东地下党员在铁窗黑牢里坚贞不屈，在敌人屠刀下大义凛然，为了民族的解放、国家的独立、人民的幸福，不惜抛头颅、洒热血，赴汤蹈火，舍生取义，用鲜血与生命谱写了一曲曲波澜壮阔的正气之歌，是中国共产党人革命精神的鲜明写照。这些革命志士用忠诚、汗水，甚至生命写就的事迹，时刻提醒四川外国语大学人"从哪里来、向何处去"，鼓舞我们不忘初心、牢记使命。红色基因早已融入每个四川外国语大学人的血脉，成为我们生命中的一部分。

脚踏实地　行稳致远

21世纪以来，随着国门的不断开放，各国文化、思想、学术研究均有更进一步的交往交流。四川外国语大学也不断扩大和加强国际交流与合作，把学校办成"重庆走向世界"的桥梁的外语院校，增加学校在国际上的知名度。

21世纪以来，学校先后接待俄罗斯驻华使馆文化教育参赞、葡萄牙驻华大使、美国教育部代表团、非洲国家新闻官员代表团、加拿大驻渝领事馆领事等外交官员和政府代表。通过一系列的交往、交流，增强和扩大了学校在国际上的影响；学校不仅采取"请进来"，还采取"走出去"的办法扩大交流，有近百名师生出国访问或研修，有150余人次的专家、教师应邀出席国际会议、考察或讲学。

通过十年的努力，学校在国际交流合作的实施与层次上，均得到很大的提高，为今后扩大国际交流与合作奠定了良好的基础。

根据学科建设和人才培养的需要，学校进行了院系行政机构的调整工作。2007年9月29日，国际法商学院和管理学院合并成立国际商学院，马列教研部更名为社会科学部。

2008年是学校历史上具有重大意义的一年，学校在接受教育部本科教学评估、申请立项建设博士授予单位、申报学校第一个专业硕士学位点、接受重庆市人文社科重点研究基地中期评估等方面工作均取得巨大的成绩，翻开了学校崭新的历史篇章。

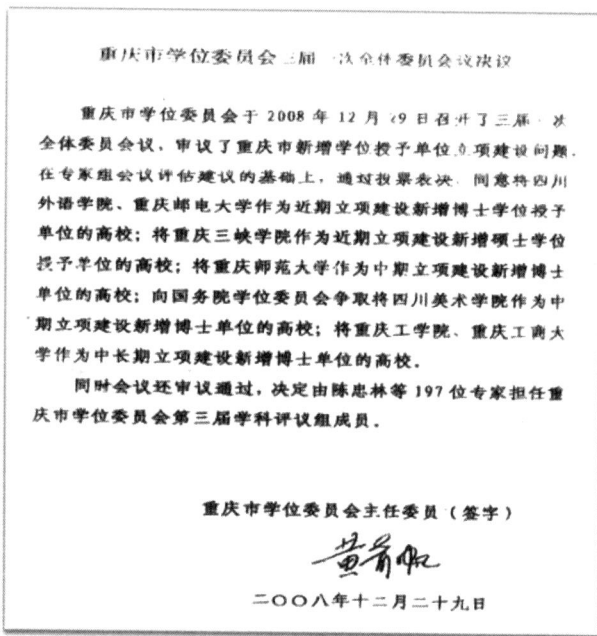

重庆市学位委员会三届一次全体委员会议决议

重庆市学位委员会于2008年12月29日召开了三届一次全体委员会议，审议了重庆市新增学位授予单位立项建设问题。在专家组会议评估建议的基础上，通过投票表决，同意将四川外语学院、重庆邮电大学作为近期立项建设新增博士学位授予单位的高校；将重庆三峡学院作为近期立项建设新增硕士学位授予单位的高校；将重庆师范大学作为中期立项建设新增博士单位的高校；向国务院学位委员会争取将四川美术学院作为中期立项建设新增博士单位的高校；将重庆工学院、重庆工商大学作为中长期立项建设新增博士单位的高校。

同时会议还审议通过，决定由陈忠林等197位专家担任重庆市学位委员会第三届学科评议组成员。

重庆市学位委员会主任委员（签字）

黄奇帆

二〇〇八年十二月二十九日

图1.11 2008年12月29日，重庆市学位委员会三届一次会议审议通过增列四川外国语大学外语学院为立项建设博士授予单位

且在2010年，重庆市市长黄奇帆在全市教育会议上发表讲话，他提到："自2003年高校基础设施大改造以来，6个本科学院升格为大学，新组建6所本科院校、24所高职学院、7所独立学院，高校数量增加到61所。这不是拔苗助长，而是教育发展、学校硬件设施改善、师资队伍和学生规模扩张之

后的必然结果。每所升格的大学、新建的学校，全按照国家标准，经过教育部长达半年多的审查验收。类似情况在20世纪90年代，沿海地区大规模推进，而重庆直到2002年还在原地踏步，没有一所高校升格。现在我们还了欠账。"

学校作为西南地区最具代表性的外国语学校，也开始了更名、升格的"长征路"。这既是重庆市建设"西部地区的重要增长极""长江上游地区的经济中心""内陆开放型城市高地""城乡统筹发展的直辖市"，以及进一步改善重庆市高等教育结构、打造西部外语教育高地的迫切需要和必然要求，也是重庆市扩大开放和西部大开发快速发展的客观需要，更是全面提升办学层次和办学水平的理性选择。

重庆市"十一五"规划明确提出"争取四川外语学院等高校更名为大学"的目标，重庆市教育委员会2011年公布的"十二五"专题规划也明确表示支持四川外语学院更名为大学。

为了更好地适应重庆和西南地区经济社会发展需要，服务西部大开发战略和内陆开放高地建设，进一步发挥外语类院校在服务涉外政治、经济、文化交流中的重要作用，进一步优化重庆市高校结构和

图1.12 2013年5月18日，四川外国语大学揭牌仪式在学校大礼堂举行，时任重庆市政府市长黄奇帆（右二）、党委书记马新发（右一）、校长李克勇（左一）参加揭牌仪式

提高整体实力，提升学校的核心竞争力，依据教育部《普通本科学校设置暂行规定》和重庆市高等教育发展规划，2011年3月，学校向市教委报送了《关于更名为"重庆外国语大学"的请示》。7月，学院收到重庆市黄奇帆市长同意学校更名的批示。

四川外国语大学这一品牌，熔铸了几代四川外国语大学人孜孜不倦的追求，积淀着几代四川外国语大学人深深的文化情结，值得珍惜与呵护。2013年5月17日上午和18日下午，学校老领导王丙申、卢开运、张洪良与校领导共同为学校东区和西区的校名文化石揭幕。

2013年，学校主动适应国家经济结构调整和学科前沿发展态势，根据地方经济社会发展需求，在保持传统专业优势的同时，不断优化小语种类专业、英语类专业和非外语类专业的结构比例。学校高度重视专业建设工作，及时增设新专业，建设特色专业，扶持新兴专业。

为积极响应国家"一带一路"倡议，服务重庆内陆开放高地建设，学校致力于加强非通用语人才培养，在建设好德语、日语、葡萄牙语、意大利语、越南语、朝鲜语等非通用语专业的基础上，努力创造条件开办新的非通用语专业。2015年，学校申报了匈牙利语、希伯来语、泰语3个非通用语专业。2016年申报了缅甸语专业，匈牙利语、希伯来语、泰语三个新建专业正式招生。2018年9月与重庆市政府共建重庆非通用语学院。2019年5月17日，由重庆市人民政府、重庆市教育委员会与四川外国语大学共建的重庆非通用语学院成立。2019年，学校新增捷克语、波兰语、印地语和缅甸语4个招生专业。

图1.13 2019年5月17日，学校重庆非通用语学院在非通用语学院办公室举行成立仪式，校长李克勇（左）、重庆市教委国际合作与交流处处长李世玉（右）授牌

2013年起，市教委、市财政局决定实施重庆市高等学校"特色专业、特色学科、特色学校"项目建设计划，即"三特行动计划"。根据《重庆市高等学校"三特行动计划"实施方案》和《"三特行动计划"专项资金管理暂行办法的通知》的精神，学校积极响应，充分利用优质外语资源推进优势特色专业建设。2013年到2016年，学校12个专业，分期纳入重庆市高校"三特"建设专业目录。

学校还以教育部"双万计划"为目标，继续加强特色优势专业建设。2019年3月5日，学校出台《四川外国语大学高水平本科教育建设专项行动计划（2018—2020年）》的通知，制订具体实施方案，逐项分解任务，确保高水平本科教育建设专项行动计划各项工作落到实处。

学校始终以人才培养为目标，深化课程改革，优化课程布局，打造优质课程教学资源，逐步形成结构合理、特色鲜明的课程体系，坚持"以点带面"的工作思路，强化优质课程建设、教材建设、教学团队建设、教改项目建设，带动各专业课程整体建设和内容的更新。学校顺应"互联网+教育"的新趋势，在现有的课程管理办法的基础上，制定了《精品开放课程建设管理办法》《双语/全英课程教学管理规定》《第二外语课程管理办法》等文件，加强优质课程制度管理和激励，建立起了校、院系两级课程建设管理体制，为课程建设提供制度保障，构建了以优化课程体系为基础，国家级、市级、校级三级相互支撑，以主干课程、特色课程、在线开放课程为重点的课程建设模式，进一步明确了各类课程建设的目标、任务，为各类立项建设的课程提供较为充足的经费保障。

2016年，学校确立了"坚持以立德树人为根本任务，培养强外语、厚人文，具有中国情怀、国际视野、交流才能，善合作、能创新的外语专业人才和高素质复合型、应用型国际化人才"的人才培养总目标，决定在全校范围内推行分类人才培养，形成了以多元化、差异化为特点，深入践行"外语+"理念，有利于建立学生成长、成才、成功和人生价值自我实现的分类人才培养体系，构建了具有四川外国语大学特色的"I-SISU123"人才培养模式，为学校人才培养作出了科学的顶层设计。

现在的四川外国语大学建立于1950年，发展至今已经历了70多年的时光。从最初只有俄语专业的西南俄专，发展至如今有49个本科专业的"四川外国语大学"，其间的坎坷与艰辛只有一代代的四川外国语大学人知晓。

从最初的为了培养西南地区俄语人才的西南俄专，到如今21世纪为了培养新时代人才的四川外国语大学，学校一步步扩大、专业一个个增加、科研教学水平一点点提升，四川外国语大学始终跟随国家的脚步，不断发展进步只为培养出顺应时代、能够为国作出贡献的时代型人才。

守正创新　笃志前行

中国特色社会主义进入新时代以来，习近平总书记反复强调文化自信，高度重视红色文化，提出"推进红色基因传承"的时代课题。

当今世界正经历百年未有之大变局，站在"两个一百年"奋斗目标的历史交会点上，我国正开启全面建设社会主义现代化国家新征程，我国高等教育正处于内涵发展、质量提升的关键时期。《中共中央关于制定国民经济和社会发展第十四个五年规划和二〇三五年远景目标的建议》（以下简称《建议》）明确提出到2035年建成文化强国，并以专门一个部分阐释"繁荣发展文化事业和文化产业，提高国家文化软实力"。重庆也正处在高质量发展战略机遇期。

为建立百年名校，四川外国语大学于2022年初提出了学校的"十四五"规划。高举中国特色社会主义伟大旗帜，深入贯彻党的十九大和十九届二中、三中、四中、五中、六中全会精神，坚持以马克思列宁主义、毛泽东思想、邓小平理论、"三个代表"重要思想、科学发展观、习近平新时代中国特色社会主义思想为指导，深入贯彻习近平总书记对重庆提出的营造良好政治生态，坚持"两点"定位、"两地""两高"目标，发挥"三个作用"和推动成渝地区双城经济圈建设等重要指示要求，准确把握新发展阶段，深入践行新发展理念，积极融入新发展格局，切实担当新发展使命，牢固树立守正创新、融合特色的发展理念，以立德树人为根本，以"新文科""双一流"建设为引领，以学科建设、人才培养、科学研究和师资队伍建设为抓手，全面提升学校的核心竞争力和办学质量，努力建成特色鲜明的高水平应用研究型外国语大学。

文运同国运相牵，文脉同国脉相连。没有社会主义文化繁荣发展，就没有社会主义现代化。"十四五"时期，我国将进入新发展阶段，必须把文化建设摆在更加突出的位置。为此，四川外国语大学将如何传承好红色基因，发展红色文化，成为备受关注的重大课题。

推进党建统领的思想政治铸魂工程。坚持党的政治建设首位意识，强化组织与干部队伍建设，切实形成以"立德树人"为核心的三全育人机制。将纵深推进全面从严治党作为2022年的五个重点工作之一，加强政治建设、思想建设、组织建设、作风纪律建设，落实统战工作，实施人才工作，行稳致远，笃定前行。

坚定红色文化自信，提升自身文化软实力。四川外国语大学根植于红岩热土，继承军大传统，将培养具有红色基因的外国语人才视为自身使命与担当，不忘初心，砥砺前行。为赓续红色基因，要坚持马克思主义在意识形态领域的指导地位，坚定文化自信，坚持以社会主义核心价值观引领文化建设，加强社会主义精神文明建设，围绕举旗帜、聚民心、育新人、兴文化、展形象的使命任务，推进社会主义文化强国建设。"坚持马克思主义在意识形态领域的指导地位"为文化建设提供根本遵循；"坚定文化自信，坚持以社会主义核心价值观引领"确保文化建设始终沿着正确方向不断前行。

《建议》将"提高社会文明程度"摆在文化强国建设重要位置。学校要把提高社会文明程度深深植根于中华优秀传统文化的丰厚土壤，同时着力弘扬党和人民在各个历史时期形成的伟大革命精神，培养大批传承红色基因的新型外国语人才。

建设现代化学科，培养复合型人才。四川外国语大学的"十四五"规划提到，学校将深入推进"双一流"内涵建设，加强"双一流"建设，打造国家级教学成果奖，推进"新文科""国际化"重大项目建设，加强师资队伍建设，加强科研工作，推动课程改革和教育教学的"质量革命"；打造以"新文科"理念为指导的人才培养综合改革体系，促进专业全面优化，推动课程提质更新，推动教学模式创新，推动质量体系建设。

学校要全面落实立德树人根本任务，构建更高水平人才培养体系，牢固树立人才培养的中心地位，切实加强思想政治工作、传承红色基因、提高育人水平，努力培养更多有家国情怀、全球视野、专业本领的复合型人才。

学校始终坚持正确办学方向，始终牢记为党育人、为国育才的初心使命，坚持传承红色基因，弘扬优良传统，为党和国家培养输送大批高素质外事、外交、外贸和外语教育人才。通过不懈努力，四川外国语大学将把外语学科建设达到国家外语类高校一流水平，专业建设质量达到重庆市高校一流水平；科研水平与创新能力达到国家外语类高校一流水平；治理能力现代化和法治化达到重庆市高校一流水平。

学校要主动服务国家战略需求，要聚焦服务构建新发展格局，立足高质量发展和高水平对外开放新要求、新特征，坚持特色办学、内涵发展、扎根中国、放眼全球。提高自身育人水平，推进"双一流"和"新文科"建设，培养国际化人才，深化国际交流合作，在讲好中国故事、增强国际话语权、加强世界文明交流互鉴等方面努力发挥引领作用。

发挥外语院校优势，在国际舞台上讲好中国故事。"社会文明程度是衡量一个国家、一个民族文明进步状态的重要标志。放眼世界，人类文明正朝更高阶段逐步推进，'弱肉强食''丛林法则'正在为'人类命运共同体'新文明理念所取代。从人类文明交融互鉴中寻求智慧、汲取营养，方能实现共同发展、共同繁荣。"四川外国语大学以讲好中国故事为着力点，创新推进国际传播，发挥自身多语种的资源优势，加强对外文化交流和多层次文明对话。

2022年四川外国语大学以"重庆市国际化特色高校"建设项目为抓手，努力实现学校国际化的全新发展；着手"双循环"发展格局为背景的国际化改革，加强国际学术与师资交流，探索国际人才新模式，形成立体联动的国际合作新工作机制。未来也将有越来越多的四川外国语大学学子秉持红色理念，充分利用外国语学校资源，站在国际舞台上，讲好中国故事。

02

『脚下有土、心中有光』：
教育扶贫书写脱贫攻坚的
时代篇章

党的十八大以来，随着精准扶贫工作的推进，社会各界力量纷纷加入到脱贫攻坚这场战役之中。四川外国语大学担当时代使命，紧跟国家步伐，发挥高校教育优势，通过教育扶贫去书写脱贫攻坚的时代篇章，并取得了积极成效。

第一节

服务的力量：
让师生在教育精准扶贫中成长

　　文化育人是教育和教学工作的重要载体，是推动新时代育人工作迈上新台阶的强大动力。四川外国语大学以全国教育大会精神和新文科建设工作会议要求为指导，秉持"知行合一、育人于行"的理念，对接精准扶贫战略，融合多学科、多专业，以培养学生"理想信念+社会责任+实践能力+创新精神"为目标，以校地联合强化教学环境实践感为抓手，整合学校、政府、行业和社会力量，通过课程实践、专业实习、志愿服务、项目实训、双创训赛等途径，打造出服务精准扶贫的实践育人、文化育人新路径。

　　精准扶贫是近年来国家脱贫攻坚工作的重要战略，是针对不同贫困区域环境、不同贫困农户状况，运用科学有效程序对扶贫对象实施精确识别、精确帮扶、精确管理的一种治贫方式。精准扶贫工作是一个复杂的工程，需要动员各方力量，用好对口帮扶资源、市场资源、社会资源以及人民群众自身的资源，广泛凝聚脱贫攻坚合力，最终将政策的含金量、外界资源的扶持力转化为贫困村的内生动力。在多年的人才培养过程中，四川外国语大学以习近平新时代中国特色社会主义思想为指导，贴合精准扶贫战略需求，以实战和应用为导向，整合校内外资源，整体设计"知行合一""育人于行"的人才培养路径。同时，发挥学校专业优势，对接国家精准扶贫和乡村振兴战略，充分整合学校、政府、行业和社会力量协同共治，通过课程实践、专业实习、第二课堂、志愿服务、项目实训、创新创业等途径，加强对大学生的理想信念、社会责任、实践能力、创新精神等方面的教育，打造了贴合社会需求、突出专业特点、适应个性发展的实践育人模式。最终，经实践探索和逐渐完善，形成了覆盖多个专业的实践育人、文化育人路径，努力培养有志、有力投身脱贫攻坚以及乡村振兴的高素质复合应用型人才，培养学生的理想信念、爱国主义、时代责任、品德修为和家国情怀，提高学生的实践能力，引导学生成为担当民族复兴大任的时代新人。

一、围绕国家战略，彰显学校服务社会的历史使命和责任担当

四川外国语大学紧紧围绕精准扶贫和乡村振兴战略，整合政府、高校、行业和社会四方资源，组织学生参与课程实践、专业实习、第二课堂、志愿服务、项目实训、创新创业"六位一体"的实践活动，参与贫困群体脱贫能力建设，提升贫困群体内生动力，助力当地经济社会发展，让学生受教育、长才干、作贡献，彰显了学校围绕国家重大战略和地方经济社会发展办学的历史使命和责任担当。

2017年6月27日，民政部、财政部、国务院扶贫办三部门联合发布《关于支持社会工作专业力量参与脱贫攻坚的指导意见》，意见明确规定将发展社会工作纳入当地党委政府关

于脱贫攻坚的总体安排中，同其他扶贫工作一同部署、协同推进。随着精准扶贫进入攻坚克难的最后阶段，以及社会工作在脱贫攻坚中的作用得到政府认可，在党和政府的支持下，高校积极运用社会工作专业办学资源，利用社会工作专业服务参与教育扶贫。

图2.1 学生走访建卡贫困户

党的十八大以来，习近平总书记站在全面建成小康社会、实现中华民族伟大复兴中国梦的战略高度，把脱贫攻坚摆在治国理政的突出位置。教育扶贫作为我国脱

图2.2 学生走访建卡贫困户

贫攻坚的重要组成部分，对精准扶贫工作的开展有着重要意义；全国教育力量纷纷参与脱贫攻坚，各大高校积极开展社会工作教育扶贫实践。学校作为重庆高等教育扶贫的有力践行者，也是全国社会工作精准扶贫的先行者。

作为首批入选"中国社会工作教育百校对口扶贫计划"的高校，学校社会工作专业院系深入贯彻《民政部、财政部、国务院扶贫办关于支持社会工作专业力量参与脱贫攻坚的指导意见》。从2015年以来，由学校领导牵头，社会与法学院为主要实施单位，先后承接了民政部"三区"社会工作人才支持计划等反贫困服务项目近20个，先后派出200余名师生在C县、W县、Y县等多个国家级贫困县持续开展社会工作扶贫服务。项目团队长期扎根农村，深入贫困群体开展社会工作、智力扶贫，大力助推扶贫政策的宣传、执行和倡导，聚焦贫困治理中的多元主体进行多维能力建设，并不断发展和培育社区自治组织和自组织等；先后为600多名建卡贫困户、2000余名"三留守"人员、共计8000余人次提供智力脱贫、精神扶贫、文化扶贫等服务，为当地培养了100余名本土社会工作骨干人才，实现了"扎根贫困村、关注重点人群、帮助一批贫困户、实施一批社会工作项目、培养一批本土社工骨干、培育一批社区组织"的目标。

图2.3 时任校领导看望在河鱼乡的教育扶贫师生团队

在依托社会工作专业力量开展贫困县域智力扶贫过程中，学校对接国家精准扶贫和乡村振兴战略，充分整合学校、政府、行业和社会力量协同共治，依托教育和服务两种手段，通过课程实践、专业实习、第二课堂、志愿服务、项目实训、创新创业等途径，既加强对大学生的理想信念、社会责任、实践能力、创新精神等方面的教育，又打造出了服务于精准扶贫战略的"四方协同、六位一体"的实践育人模式。学校在服务实施过程中，承担主导作用。学校对项目实施进行顶层设计，制订实施方案，统筹各方资源，健全工作机制，推动项目实施，形成项目成果。政府在项目实施过程中，承担指导作用。重庆市民政局、重庆市扶贫办等政府部门为项目实施进行政策指导，并通过向学校购买服务等方式为项目提供资金支持和其他资源供应。行业在项目实施过程中，承担支持作用，以社会工作行业为主调动专业力量支持项目、推动扶贫实践，并吸引医疗卫生、金融等行业以资源链接等方式参与项目。社会组织在项目实施过程中，承担参与作用。主要指导社会工作专业机构等社会组织和社会力量通过资源链接、舆论支持等方式广泛参与项目。各类社会组织与学校、政府、行业协作，形成实践育人的合力，推进协同培养人才的模式建构。

图2.4 教育扶贫师生团队组织农村党员主题活动

二、坚持立德树人，着力培养担当民族复兴大任的时代新人

立德树人是高校的根本任务。本项目紧紧抓住实践育人这个环节，构建政府、社会、高校等多方合作、交叉培养的协同育人机制，引导学生在服务精准扶贫的实践中坚定理想信念、增长知识才干、磨炼意志品质、强化使命担当，真正成长为又红又专、德才兼备、全面发展的担当民族复兴大任的时代新人。

1.理想信念教育

围绕立德树人根本任务，通过课程实践、专业实习、第二课堂、志愿服务、项目实训、创新创业"六位一体"的教育途径让学生参与精准扶贫和乡村振兴战略，引导学生充分认识到党和国家以人民为中心的立场，特别是习近平总书记提出的"小康路上一个都不能少"以及"人民对美好生活的向往就是我们的奋斗目标"的人民情怀，从而树立远大理想，热爱中国共产党，自觉将个人的前途命运和祖国、人民的前途命运密切相连，立志报效祖国、服务社会、造福人民。

2.社会责任教育

在参与精准扶贫和乡村振兴战略的实践中，特别是在参与精准扶贫的志愿服务和第二课堂活动中，培养学生的历史使命和社会责任；在专业实习、项目实训中，培养学生面对挑战、阻力、矛盾时攻坚克难、百折不挠的奋斗精神，培养青年大学生保持初生牛犊不怕虎、越是艰险越向前的刚健勇毅品格，争做时代先锋。

3.实践能力提升

项目实施过程中，通过引领学生参加课程实践、专业实习和项目实训，特别是组织学生参与贫困群体脱贫能力建设、产业政

图2.5 教育扶贫团队在酉阳县车田乡实施儿童社会工作服务项目

策宣讲、缓和社区居民矛盾等方式，学生将专业理论知识和工作实际紧密结合，从而不断提升实践能力。

4.创新精神培养

项目通过构建政府、社会、行业、高校等多方合作、交叉培养的协同育人机制，创新实践内容、实践形式、实践平台，鼓励学生参与创新创业活动，特别是引领学生围绕精准扶贫设计创业项目，从而培养学生的创新精神，不断提高学生的创新创业能力。

此外，由于项目实施区域都是重庆老、少、边、穷的地区，条件非常艰苦，学生在参与项目的过程中，还能培养他们吃苦耐劳、艰苦奋斗的精神。

三、打造育人品牌，深入实施高校思想政治工作质量提升工程

自2015年以来，四川外国语大学对接国家精准扶贫和乡村振兴战略，充分整合学校、政府、行业和社会力量协同共

治，通过课程实践、专业实习、第二课堂、志愿服务、项目实训、创新创业等途径，近5年实践，在巫溪、西阳等国家级贫困县探索出一条高校社会工作教育扶贫的新路径。

当前，高校思想政治工作的重点是构建"三全育人"的工作格局、健全"十大育人体系"。结合学校《思想政治工作质量提升工程实施纲要》的安排部署，突出了在服务精准扶贫的实践过程中育人的特色，期望通过整合各类实践资源，构建实践育人协同体系，丰富实践育人内容，创新实践育人形式，拓展实践育人平台，形成四川外国语大学思想政治工作品牌。

1. "课程思政"与"思政课程"同向同行的协同课程实践

马克思主义学院牵头，在思想政治理论课中加大课程实践力度，组织学生通过社会调查、社会实践和志愿服务等方式参与精准扶贫。教务处牵头，将教育扶贫内容纳入学校实践教学体系，积极引导并重点指导社会学系、新闻传播学院、国际商学院等院系的课程实践，将教育扶贫作为重点；在校级教改项目中设立教育扶贫"课程思政"专项，鼓励和引导各专业老师参与教育扶贫的教研和实践，从而与"思政课程"同向同行，形成协同效应。

2. "多种形式"与"丰富内涵"相结合的第二课堂扶贫体验

学工部和团委牵头，在学生第二课堂中开展系列扶贫主题教育活动，如"实践遇见未来"、扶贫服务分享会、"歌乐会客厅"扶贫工作面对面等。宣传部牵头，举办习近平总书记关于扶贫工作的重要论述，国家扶贫工作的背景、举措和成效等讲座。科研处牵头，在校级科研项目中开设教育扶贫研究专项，并举办教育扶贫学术活动，加强对习近平总书记关于扶贫工作重要论述的宣传和阐释，让学生在多元的第二课堂实践中感受和体验内涵丰富的国家扶贫战略和习近平新时代中国特色社会主义思想。

3."多专业"与"跨行业"相融合的扶贫专业实习

项目前期，以社会学、社会工作专业为主，组织老师和学生到项目实施区域进行扶贫专业实习，重点开展入户调研和国家扶贫政策宣讲，运用专业知识指导当地成立自组织、农村合作社并建立农产品电商平台；针对农村留

图2.6 教育扶贫团队在城口县岚天乡开展留守儿童服务

守儿童和留守妇女开展丰富多彩的文化、艺术、体育活动，引导他们自力更生、自立自强。项目中后期，组织教育学、法学、经济贸易、新闻传播等专业老师和学生与社会学、社会工作专业师生一起，搭建"多专业"和"跨行业"的实习团队，结合各自优势协同开展专业实习。

4."项目化"与"模式化"基础上的扶贫项目实训

项目承接市民政局、市扶贫办和市妇联等政府部门、群团组织购买的服务项目，组织学生参与"三区"计划和深度贫困乡镇等社会工作服务项目，并采用项目化的方式组织学生进行实训；学生在参与项目的过程中了解专业服务的全过程，掌握项目运行的模式。在此基础上，引导学生围绕扶贫

进行创业创新，自主创立新的扶贫项目，或者自主申报"三区"计划和深度贫困乡镇社会工作服务项目，让更多的学生参与项目实训，达到实践育人的目的。

5."主题差异化"与"手段多样化"为特色的扶贫志愿服务

校团委牵头，在项目实施过程中组织学生开展各种主题和多种方式的志愿服务，如研究生支教志愿服务、"三下乡"扶贫志愿服务、贫困户结对帮扶志愿服务等，让不同专业的大学生都有机会投入到农村志愿服务中去。另外，组织部牵头，在项目实施区域成立临时党支部，组织入党积极分子参与扶贫志愿服务，从而形成主题差异、手段多样的扶贫志愿服务体系。

6."万众创新"理念下的精准扶贫创新创业教育

招生就业处牵头，利用大学生创新创业教育基地对学生开展创新创业培训，培养学生的创新精神，鼓励学生创业；成立大学生创新创业导师团，对学生中的创业团队和项目进行"一对一"全程指导，助推学生创业成功；聚焦精准扶贫主题，开展创新创业大赛，引进一批扶贫专家与行业先进代表，加强对大学生扶贫创业的辅导和指导，争取产出一批高质量的创新创业成果，并在此基础上，成立大学生精准扶贫创业分中心。

四、高校社会工作教育参与脱贫攻坚的成效

1.建立了学校—政府—社会组织三方协同合作的机制

通过近5年的努力，四川外国语大学社会工作教育扶贫形成了"规划先行、平台铺路、项目驱动、共育共赢"的特点，

形成了学校、政府、社会组织平等参与、分工协作、责任清晰、优势互补、互利共赢、共同发展的合作工作机制，构建了合作共育的扶贫工作格局，在顶层架构、运行机制、实践模式等方面开展了积极探索与实践。

依托党委机关，实现政治把关与方向指导，提升师生思想理论水平和职业道德修养，整合校内外资源，参与市教育集团帮扶规划。依托社会工作专业办学院系和工会、团委、教务处、学生处、招就处等职能部门的联动，广泛鼓励组织校内师生参与扶贫服务，实现教育—服务的双重效益；依托重庆扬光社会工作服务中心进行项目申报、运行与管理，获得政府购买社会工作服务项目、各级民团组织资助社会工作服务项目经费及校内扶贫专项经费、实践教学专项经费，为脱贫服务实践提供经费支持和人力保障。依托帮扶县委、县政府、县民政局、乡镇基层党组织与基层政府，落地实施教育扶贫服务，提供行政支持、物资支持和服务团队的后勤保障支持。总体上构建起学校党委统筹部署、学院全力实施、政府有力推动、社会广泛参与的社会工作教育脱贫协同体系。

2.服务区县、高校学生、社工行业多方受益

社会工作参与高校教育扶贫的努力实践，使帮扶的服务对象、贫困区县、高校师生、社会工作行业等均有受益。

首先，服务对象和贫困区县成为主要受益方。2016年至2020年，获批市级财政支持经费170余万元，实施政府购买反贫困社会工作服务项目近10个，先后选派200余名学生、10余名教师，深入重庆市C县、Y县、W县等3个国家级贫困县的10多个村镇实施社会工作教育扶贫计划。为200多名在校中小学生、600多名建卡贫困户、1000多名"三留守"人员、

100余名基层干部和社区工作者提供各类教育扶贫服务，累计助力12000余人次，极大地提升了贫困地区群众脱贫发展内生动力，提高广大群众的脱贫能力和综合素质，提高基层人员的社会治理与社会服务能力。在3个县的2个街道、4个乡、10个村，建立近20个社会工作服务站及社会工作室，培养50余名本土社会工作骨干人才，实现了"扎根贫困村、关注重点人群、帮助一批贫困户、实施一批社会工作项目、建好一批社会工作室、培养一批本土社工骨干、培育一批社区组织"的目标。现已孵化出C县仁和怡心社会工作服务中心、C县星源社会工作发展中心两家本土机构。当地政府和受益群众对社会工作的认知度、满意度均有效提升。

图2.7 教育扶贫团队在城口县市坪村开展服务

其次，社会工作教育扶贫服务也促进学校办学质量提升，师生共同受益。依托教育扶贫实践，教师获批国家级课题3

个、出版专著 4 部、发表高质量论文 20 余篇，共建农村精准扶贫社会工作服务实践教学基地 10 余个。社会学、社会工作、马克思主义哲学等相关专业学生撰写实地调研报告 200 余份、实习心得 1200 余篇，撰

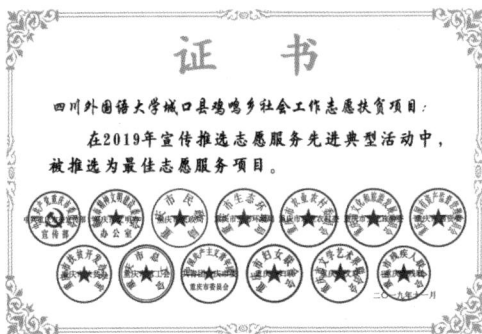

图2.8 学校教育扶贫团队获批最佳志愿服务项目

写或发表相关论文近 20 篇，培育、实施大学生创新创业项目 10 余个，有效提升学生家国情怀、社会责任感、实践动手能力和创新创业意识。在服务中培养了 100 多名品学兼优，深受行业、政府好评的优秀人才。

3.形成了高校—政府—社会多元影响力

社会工作教育扶贫服务为学校赢得广泛的社会声誉。由于学校社会工作教育扶贫服务实现了服务地方精准脱贫、社会治理创新、乡村振兴战略与教学实践相融合的可持续性发展，已成为全国社会工作教育协会百校对口扶贫计划中高校参与教育扶贫、支持精准脱贫、助力乡村振兴的典型案例和实践育人典范，团队所执行的反贫困项目获批教育部第一批高校思想政治工作精品项目和重庆市十大育人精品项目。服务团队核心成员入选全国万名优秀创新创业导师人才库导师和重庆市青年社会组织成长导师团导师。精准扶贫服务团队被重庆市委组织部评为脱贫攻坚集体嘉奖、"爱国情，奋斗者"优秀团队、重庆市三八红旗集体，还获得中国社会工作

图2.9 学校扶贫服务团队荣获集体嘉奖

教育协会教育扶贫实践示范团队、四川外国语大学感动校园十大人物（团队）等荣誉称号。服务成效显著，人民网、重庆日报、中国新闻网、华龙网、重庆晨报、重庆商报等多家主流媒体报道服务精准扶贫次数达40余次，转载300余次，引起强烈社会反响。2018年，学校社会工作专业两名教师做客华龙网直播间，介绍学校实践育人培养机制。在学校2020年承办的全国教育扶贫研讨会以及协办的中国社会工作教育协会三年对口扶贫计划大会等反贫困学术研讨会上，团队成员10余人次做主题报告，向国内外300余所高校介绍本成果，得到与会人员的高度认可与关注。

4. 解决了实践文化育人的系列问题

学校构建了多学科专业交叉融合、校内校外资源整合、第一二课堂融会贯通、学校教育与社会服务紧密结合的文化育人工作体系，破解了地方应用研究型高校高素质复合应用型人才培养中的实践教学目标笼统化、教学主体单一化、教学环节碎片化、实践育人成果转化低等发展难题，创新了人才培养模式。

育人目标上，强调学生理想信念+社会责任+实践能力+创新精神有机融合。通过让学生投身贫困群体脱贫能力建设、乡村产业与教育发展等实践，聚焦国家目标，增强历史使命感和社会责任感，解决了实践育人目标模糊化问题。

育人主体上，校内跨部门、跨专业，校外跨行业、跨领域，多方协同，齐抓共管，同频共振，突破了学校实践教学主体单一、资源不足、社会缺位问题。由学校党委牵头，协调政府、社会和行业，结合学校应用研究型大学的办学定位、学科优势以及人才培养定位，明晰项目核心目标和基本战略定位，从实际出发，分析实践育人的症结，不断提升制度和政策的供给质量，不断提升解决实际问题的能力，力求实践育人的全过程既符合经济社会发展的实际状况，也符合学生个体发展的目标追求。

育人环节上，将服务精准扶贫融入教育教学内容，搭建课程实践、专业实习、志愿服务、项目实训、创新创业"五位一体"的实践环节，贯通第一二课堂、融汇教育与服务，解决了思想政治教育、专业知识教育、创新创业教育同向同行的问题。

育人成果转化上，组织精准扶贫相关知识、科技创新竞赛、优秀论文评选，设计、参与课题研究、行业服务，促进实践教学成果多元化、专门化、深度化涌现，解决了实践教学由"用手用脚的具体行动"转化为"入脑入心的系统认识"的问题。

村庄的课堂：三尺讲台助扶贫

为深入学习宣传贯彻习近平总书记关于青年成长成才的一系列重要论述，引导和帮助广大青年学生在社会实践中受教育、长才干、作贡献，努力做到有理想、有追求，有担当、有作为，有品质、有修养。2013年至今，在学校党委的领导下，校团委组织开展了大学生社会实践系列活动。其中，大学生暑期文化科技卫生"三下乡"社会实践系列活动与中国青年志愿者扶贫接力计划研究生支教团项目，一直作为学校重点特色项目有条不紊地顺利开展，受到了人民网、中国青年网、西部计划网等各大媒体的宣传报道，以及团市委、团县委等各级部门的一致认可。

一、精准服务，发挥高校实践育人功能

为了深入贯彻执行《中共重庆市委、重庆市人民政府关于做好大学生社会实践工作的通知》，切实加强大学生社会实践工作的落实和推进，加强和改进大学生思想政治工作，促进大学生了解国情市情民情，2013年至今，学校连续十年组织开展了大学生暑期文化科技卫生"三下乡"社会实践系列

活动，将优秀的大学生骨干带到基层，接受锻炼和教育，给基层送去文化与知识，成效显著、收获丰富，增进了大学生与基层群众的感情。

2013年至今，学校上千名青年志愿者深入重庆市武隆、江津、石柱、云阳、万州、北碚、合川、綦江、铜梁、巫山、忠县等23个区县，以及四川省、海南省、天津市、安徽省、陕西省、浙江省、台湾高雄等7个省（区、市）开展暑期三下乡服务。从普通劳作和跋涉探访中，从各种宣讲服务活动中了解到来自基层和农民的诸多诉求，深受教育和启发，增进了对农村这片热土的感情，锻炼了身心和毅力，养成了朴实勤劳的品格，树立了青年人正确的价值取向。

"三下乡"体验农村生活，"同吃住"感知劳动民生。学校"三下乡"社会实践服务队由各个校级学生组织和院系师生组成。暑假期间分赴重庆市武隆、江津、石柱、云阳、万州和四川省马尔康等地开展"三下乡"活动。落户农家，与农民同吃、同住、同劳动、同生活，主动帮助户主打扫卫生、整理家务、喂猪煮饭、除草摘菜。除此之外，志愿者还积极主动关爱农村留守儿童，探望当地孤寡老人，

图2.10 学生在田地学习农业技能

图2.11 学生在农舍学习养殖技术

利用有限资源开堂授课传播知识。通过这一系列的实际活动，志愿者了解到了田间地头的劳作知识，感受到了农民百姓的淳朴善良，体会到了农村基层的民生多艰，很好地践行了"深入群众、感知基层、了解百姓"的实践教育理念。

二、"四点半"关注留守儿童，"小课堂"拓展学习视野

"少年强，则中国强"，孩子是国家的未来，但由于客观条件的限制，当地的孩子很难拥有正常的学习设备和学习条件。因此在社区中，志愿者利用市民学校搭建的平台，持续开展暑假留守儿童"四点半课堂"，结合四川外国语大学特色的外语专业知识为社区的孩子培养外语兴趣，让孩子们有得学、有

图2.12 志愿者开展中外人文知识交流

所学、喜欢学。志愿者还开展了"义务外语兴趣班"活动，通过这种方式让小朋友们有更多更好的学习机会。此举受到家长和社区领导的好评。

三、志愿服务显大学特色，融多元文化弘非遗根基

2013年至2014年，四川外国语大学多语言青年志愿服务

中心的优秀志愿者参加到四川省马尔康市开展的"三下乡"社会实践活动中，在少数民族聚居区开展为期 10 天的支教活动。他们深入基层中小学与当地师生开展英语授课和交流活动，有效地实现了汉藏

图2.13 志愿者为留守儿童开展文教活动

文化、中外文化的水乳交融，共同促进了汉族与少数民族的和谐统一，受到当地各界的一致好评。

2014 年，学校志愿者参加了暑期"三下乡"赴高雄服务队，深入高雄偏乡地区，开展文教和交流活动。志愿者们备课认真，表现突出，与当地师长、学生结下深厚友谊，高雄市教育部门负责人在接见时表扬其效法先师孔子，在活动中热忱服务、团结合作、虚心学习。在教学实践中，志愿者还通过对自己家乡的讲解和推介，让台湾学子对大陆同胞和大陆的发展有了全新、全面、积极的认识，继而推动两岸的良性互动。

多年来，学校"蒙华夏根，正炎黄魂"志愿服务团队受到重庆市电视台等媒体报道。志愿者们通过金钱板表演、剪纸展示、民族歌舞和民族器乐表演等活动，为当地留守儿童上了一堂生动的传统文化课，还发挥专业特长，用德语、法语、朝鲜语、英语等外语演唱歌曲和教授简单日常用语，对

孩子们进行外语兴趣培养。这些志愿服务活动结合了四川外国语大学青年的专业与特长，展现了四川外国语大学学子的爱国主义情怀，以及青春活力的风貌；宣扬了"保护非物质文化遗产，传承中华文明根脉"的思想，为我国传统文化和非物质文化遗产推广工作的落地生根作出了应有的贡献。

图2.14 志愿者在推广中华优秀传统文化

四、青春接力，续写教育脱贫攻坚故事

四川外国语大学自2014年向团中央申请成为"中国青年志愿者扶贫接力计划研究生支教团实施高校"以来，学校认真落实教育部、团中央有关文件精神，严格工作标准、完善工作体系、强化工作保障，对研究生支教团（以下简称"研支团"）成员的招募选拔工作始终坚持公平、公正、公开原

则，公开招募、自愿报名、择优选拔，并在选拔工作结束后对入选成员进行全程指导及培训。截至2022年7月，学校已累计派出志愿者41名，先后在江西省共青城市、重庆市石柱县的10所学校开展支教服务，相关工作受到人民网、中国青年网、西部计划网等媒体的宣传报道，为当地教育事业发展和扶贫工作作出了贡献。

1. 立足岗位发挥扶贫功能

研究生支教团深入学习贯彻习近平总书记关于打赢脱贫攻坚战的系列重要指示精神，对照习近平总书记提出的"四有"好老师标准，扎实开展扶贫与扶智、扶志工作，致力做学生成长路上的知心人和引路人。

扶贫先扶智，扎实开展各项教育教学工作。学校研究生支教团29名志愿者先后在江西省共青城市、重庆市石柱县的10所学校（含小学、初中）担任语文、数学、英语、音乐等多科目教学工作，覆盖11个年级63个班级3314人，总课时量达39280课时。扎实站稳讲台，教学效果突出。

扶贫必扶志，激发学生更好成长的志气。针对服务

图2.15 研究生支教团成员在上课

图2.16 研究生支教团成员在辅导作业

图2.17 研究生支教团成员在学生家中帮助劳动

图2.18 研究生支教团成员在学生家中开展义务辅导

地留守儿童多、学生基础差等情况，通过"小组学习""结对学习"等多种形式开展课后教学活动，周内集中开展义务学业辅导，周末分散开展送教入户，累计帮扶1200余人次。第二届研支团开展心理咨询超过200人，其中开导因家庭条件产生自卑心理、拒绝与同学老师接触的学生90余次，共60人。坚持走进学生、关爱学生，研支团累计家访调研700余次，帮助了160余名贫困生。

文化滋养心灵，不断提升学生文化素养。用精彩活动传递深刻理念，在支教服务地，学校组织开展合唱比赛、集体舞比赛、书法比赛、演讲比赛、征文比赛、"五四"文艺汇演等各类文化艺术活动，带领学生获得省、市级奖10余项。平均每年开展活动90余场，影响学生2000余人，推动中华优秀传统文化传播。研支团在支教服务地教授学生剪纸等传统技艺，将国家级非物质文化遗产"金钱板"带到支教学校，融入校园活动、校园文化。

图2.19 研究生支教团成员参加当地庆祝　图2.20 研究生支教团成员带队参加社
　　　 活动　　　　　　　　　　　　　　区演出

2. 青春接力续写扶贫故事

"用一年不长的时间，做一件终生难忘的事"，六届研支团的四川外国语大学青年学子先后前往1149千米外全国唯一以共青团命名的江西省共青城市、247千米外的重庆石柱土家族自治县，挥洒青春，扶智扶志，传递着扶贫支教接力棒。

接力传递教育扶贫信念。教育扶贫是斩断贫困代际传递、服务经济社会发展的根本方式。当代青年学子通过参加研究生支教扶贫项目，参与中国共产党领导的脱贫攻坚伟业，以小我融入大局，为助力脱贫扶贫、推动基层教育公共服务和教育资源均等发展贡献青春智慧。从学生到老师，学校研支团成员在毕业后愿意从事或已经继续从事教育工作的有22人。

图2.21 研究生支教团成员在服务地合影　图2.22 研究生支教团成员在出征时合影

图2.23 研究生支教团成员开展志愿服务

图2.24 研究生支教团成员在宣誓

接力积累教育扶贫经验。接力传承、接续奋斗是研究生支教团项目的最大亮点。"铁打的营盘，流水的兵"，如何确保不因支教人员的周期变化降低教学工作质量、教育扶贫质量是研究生支教团建设中的关键问题。学校建立完整培养体系，前一年参与支教服务学生返校后继续参与校内支教团培养工作，实现有序、高效的滚动培养，确保支教工作的连续性和高水平。完善支教扶贫工作的内容体系，不断巩固相对稳定的构成内容，不断补充发展更新内容，不断积淀积累，实现从经验到规律、从活动到项目的升华。

接力打造教育扶贫品牌。浓浓真情长延续，薪火相传定位青春方向。历届四川外国语大学研究生支教团用真诚挥洒汗水，以青春构筑希望，立足基础教育，聚焦精

图2.25 研究生支教团成员在传递团旗

准扶贫，通过发挥专业优势、传播先进文化，为服务地教育发展、文化繁荣、扶贫工作奉献力量，在服务地树立了四川外国语大学研究生支教团响亮的口碑和鲜亮的品牌。

图2.26 校领导到研究生支教团服务地看望留守儿童

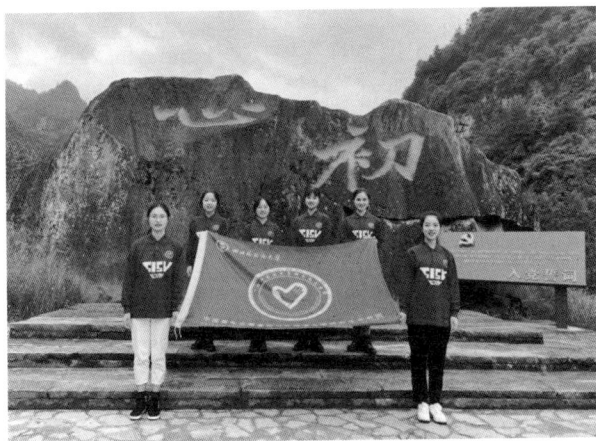

图2.27 研究生支教团临时党支部在服务地重温入党誓词

智力帮扶：
整合资源助推教育均衡补短板

党的十八大以来，以习近平同志为核心的党中央从全面建成小康社会要求出发，全面打响脱贫攻坚战，脱贫攻坚力度之大、规模之广、影响之深前所未有。四川外国语大学高度重视扶贫工作，在上级扶贫集团的领导下各学院党政大力支持，全校教职员工积极响应，帮扶工作有条不紊地顺利开展，圆满完成了集团下达的各项工作任务，受到上级扶贫集团和对口帮扶单位一致好评。

一、发挥教育优势，整合资源助推教育均衡

学校利用教育资源重点开展智力帮扶，注意调动和发挥有关学院的专业优势，为提高当地教育水平和教学质量、教育均衡作出了贡献。

2013年至2016年，学校每年选派优秀教师赴万州举办英语教师培训班，受训人数150余名。2018—2019年，学校教育扶贫主要对口帮扶重庆市万州区龙驹中学和赶场初中，共开展了2期师资培训班。2018年7月，第一期培训班开班，共20名万州英语教师参加培训；第二期于2019年暑假开班，累

计培训60名教师。学校派出优秀教师授课，参训教师对培训课程感到满意，表示要用学到的新理论和新技巧，更好地为乡村学子服务。

图2.28 教师培训班开班典礼

2018年5月，学校开始策划利用学校附中优质教育资源打造"同步课堂"。在学校及附中大力支持、市教委鼎力协助和校工会积极协调下，学校出资30万元（其中附中20万元）于同年6月帮助龙驹中学、赶场初中建设网络教室各一间。同步课堂项目惠及两校师生1100人次，从教学内容、技巧上都扩宽了对口帮扶学校师生的眼界。

图2.29 校领导察看同步课堂打造情况

图2.30 学校与万州区校地合作座谈会

2020年6月10日，学校与万州外国语学校签订合作办学协议，对该校的办学定位、发展规划、校园文化、师资队伍、学校管理、教学科研等方面加强帮扶、指导、支持。

2020年7月27日，学校与万州白羊镇鱼泉中学结成"一对一"教育精准帮扶。由学校教育学院结对帮扶，针对帮扶工作进行深入探讨交流并制定方案。2020年9月14日，两校举行教育帮扶签约暨授牌仪式。10月16日，教育学院派出2名优秀研究生赴鱼泉中学支教。

图2.31 学校帮扶万州区白羊镇鱼泉中学签约暨授牌
仪式

图2.32 "一对一" 教育精准
结对帮扶

学校发挥学科优势，积极开展教育帮扶，促进乡村教育事业发展。为助力基础教育发展，支持留守儿童接受教育，学校将川河村小学挂牌为"四川外国语大学乡村振兴定点帮扶学校"，同时开展文化下乡活动，捐赠图书、学习用品，设立留守儿童书笺小驿。

学校通过开展秀山涌洞镇中心小学留守儿童"e米阳光"课堂项目，实施社会工作服务，促进留守儿童的全面发展。为进一步扩大优质教育资源，学校与涌洞镇中心校签订教育帮扶协议，在提高管理水平、提升教师素质等方面提供帮扶。

图2.33 送文化下乡活动

图2.34 学校领导看望慰问驻村干部

为更好地落实与秀山的校地合作，在社会工作服务和人才培养等领域助力秀山乡村振兴工作，学校在秀山开展了项目资金为70万元的社会工作服务项目，计划用3年时间在秀山所有乡镇、社区建设社会工作站、社会

图2.35 学校定点帮扶涌洞镇中心校签约仪式

工作室，并进行专业服务指导，在秀山社会工作服务、人才培养与培训等方面发挥了积极作用。

二、推进消费扶贫，多措并举促进对口帮扶

（一）消费扶贫

学校成立扶贫专门工作小组，划拨专款用于扶贫，共计投入资金约322.9万元，其中消费扶贫161.6万元。学校消费扶贫采购农产品主要集中在对口帮扶乡镇，在

图2.36 学校领导视察产业基地建设情况

万州购买的扶贫农产品主要用于教职工的节假日慰问品发放。

（二）产业培育

学校自2017年开始支持宏福村花椒基地建设，连续3年每年资助10万元协助万州龙驹镇宏福村打造电商平台并修建文化广场，帮助当地老百姓实现脱贫增收。

图2.37 学校领导慰问贫困户（一）

图2.38 学校领导慰问贫困户（二）

（三）定点济困

2015年，学校对口帮扶8户贫困户，每户每年1500元慰问金。2019—2020年，帮扶万州龙驹镇宏福村贫困户1户，每年节假日入户慰问贫困户。

二级学院通过支部结对共建，关爱留守儿童和因病返贫村民，帮扶特殊困难户。发起公益募捐，设立特殊困难人员帮扶基金，形成长效帮扶机制。

学校对秀山籍学生给予优先资助。2018年9月至今，学校资助秀山籍学生共计662人次，各项资助总金额为154.1万元。

（四）基础设施

2019年学校出资20万元（学校10万元，附中10万元）帮助万州白羊镇大雾村人行桥建设，出资20万元帮助甘宁镇高桥村二组改建山坪塘饮用水项目，出资20万元帮助甘宁镇庙沟村饮水安全整改工程和老林村大堰工程。2020年5月，学校资助万州龙沙镇老林村5万元，用于灾后生产生活恢复。

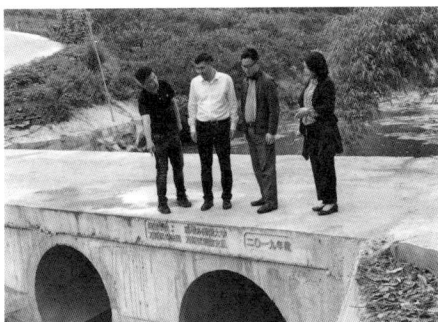

图2.39 学校领导视察基础设施修建情况

（五）干部派驻

学校高度重视派驻第一书记工作，在全校开展遴选干部工作。2019年3月，学校选派四位优秀同志至万州甘宁镇高桥村、庙沟村，白羊镇大悟村，龙沙镇老林村担任扶贫驻村第一书记，并承诺给予一定的资金帮扶。学校为驻村书记解除后顾之忧，为他们办理意外人身保险，校工会在儿童节、重阳节上门慰问其家里的老人和儿童，送去慰问品和组织的温暖。

图2.40 脱贫攻坚驻村干部

为巩固拓展脱贫攻坚成果同乡村振兴有效衔接，2021年5月，学校推荐选派了3名驻村第一书记、1名驻乡工作队成员，共4名优秀同志组成派驻帮扶干部队伍，赴秀山开展帮扶工作。两年来，驻村干部进村落、走田头，深入村里的每家每户，聆听群众心声，一心帮助群众排忧解难，用实际行动为乡村振兴添彩增益。

图2.41 学校接回驻村第一书记并召开巩固拓展脱贫攻坚成果同乡村振兴有效衔接工作座谈会

图2.42 学校党委常委、副校长严功军赴万州担任市教委帮扶集团驻万州区恒合乡乡村振兴工作队队长

此外，学校派驻干部参与万州区恒合乡乡村振兴驻乡工作队工作，通过广泛联络帮扶单位积极购买，共计助力销售土豆2万余斤，进一步解决了农产品滞销难题，推动农民增收致富，助力乡村振兴。向恒合民族学校捐赠20台

电脑，帮助恒合民族学校建立了第一所电脑教室。

三、典型案例

派驻万州白羊镇大悟村的第一书记秦勇经过广泛走访调研后，确定了大悟村的发展思路：一方面，加强党建促脱贫，结合大悟村实际探索产业发展；另一方面，攻坚交通基础设施，不断改善村民生产生活条件，制定脱贫方案，发展四条路脱贫致富，在2019年底大悟村建档立卡贫困户全部脱贫。

秦勇书记带领村党员志愿者为贫困户插秧苗，被三峡都市报以《秧田里的红色背影》作报道；带领工作队为贫困户除草施肥、解决农产品销路等，被万州党建时空161期以"村里的爱心志愿队"作报道；牵线四川外国语大学三下乡"蒙华夏根 正炎黄魂"文化艺术、教育关爱服务团赴白羊社区和贫困村，为期一周的活动得到重庆日报、华龙网等主流媒体的关注和报道；"看万州"和"万州党建"分别以"'第一书记'秦勇：蹚出三条扶贫'路'"和"决战脱贫攻坚 | 秦勇：蹚出三条扶贫'路'的第一书记"作了专题报道；上游新闻和大学生村官网以"特别的家书——'第一书记'写给儿子的扶贫经历"作了专题报道。2020年4月28日，市委常委、万州区委书记莫恭明走访大悟村，对秦勇的工

图2.43 学校领导看望慰问驻村干部

作给予了高度评价和肯定。在白羊镇2020年"七一"表彰活动中，大悟村党支部获评"先进基层党组织"，村支书牟建军获评"优秀党务工作者"，第一书记获评镇"优秀共产党员"。

智库服务：
讲好脱贫攻坚的中国故事

在参与脱贫攻坚实地服务的同时，学校组建和壮大了反贫困研究科研团队，成立了研究智库，将科学研究与服务社会紧密结合，学校师生参与国家、地区脱贫攻坚监测、评估、经验总结，进行脱贫攻坚调研、课题研究、成果凝炼与发表，取得了丰硕的成果，在市内外产生了重大影响。

一、师生参与评估，脱贫攻坚主战场成为时代使命育人的主课堂

2014年，学校组建西部反贫困与乡村治理研究中心，以此为平台依托，组建了由20余名师生构成的脱贫攻坚评估团队，持续承担国务院扶贫办政策法规司、中国国际扶贫中心、地方政府扶贫部门咨询服务任务，提供前瞻性、建设性、可操作性的理论成果和对策建议，为党和政府的科学决策提供智力支持。近年来，在团队负责人林移刚教授的带领下，先后组织本科生和研究生600余人次深入贫困地区开展评估调研工作。在实践中强化了学生"把个人理想追求融入党和国家事业之中"的志向，尤其在2020年，在脱贫攻坚的决胜之年，

学生团队远赴广西、贵州、新疆和云南4个省（自治区）的13个区县120个乡镇225个村12500户开展第三方评估实践，克服重重困难，用实际行动践行了青年的责任与担当。

在师生参与评估过程中，学校教师深入挖掘国家脱贫攻坚和乡村振兴战略系列实践等蕴含的育人要素，将思政课堂全过程融入实践育人，积极为学生搭建丰富的实践平台与桥梁，深入探索"校地联合，科教融合，课堂结合"的协同化时代使命育人路径。坚持校地联合机制，提升实践的实战性，成果团队与地方政府对接需求，完成了20余个脱贫攻坚及乡

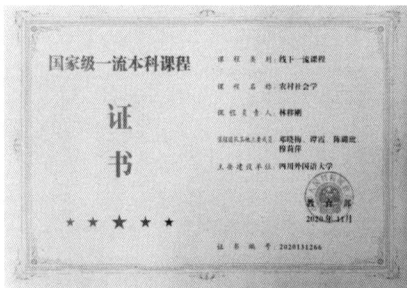

图2.44 依托扶贫实践的"农村社会学"课程获批国家级一流课程

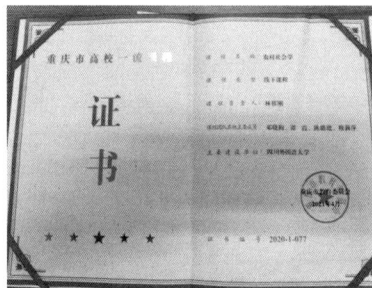

图2.45 依托扶贫实践的"农村社会学"课程获批市级一流课程

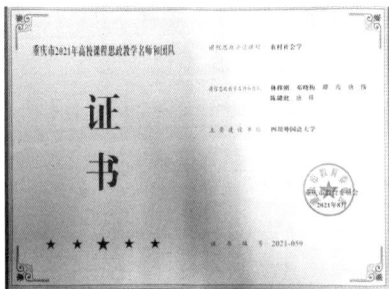

图2.46 "农村社会学"课程团队获批优秀课程思政团队

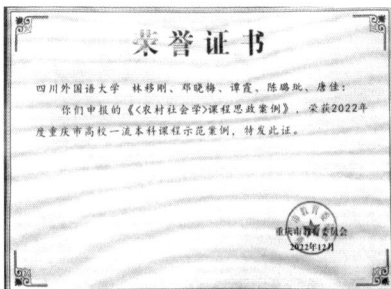

图2.47 "农村社会学"课程团队获批优秀案例

村振兴项目，建立城口、巫溪、酉阳等多个实践基地和社会治理人才联合培养基地；坚持科教融合，提升实践的专业性，依托脱贫攻坚、乡村振兴、村庄规划等科学研究，通过组织学生开展问卷设计、数据分析、报告撰写等深度挖掘专业技能与锻炼实操能力；并以一、二课堂结合延伸了实践的育人链。依托实践和研究基础，成功申报《农村社会学》国家一流课程和课程思政典型案例。

二、承接脱贫攻坚总结项目，讲好中国扶贫故事

2019初夏，学校承接国务院扶贫办宣教中心组织实施的中国"西北区域县、村脱贫攻坚经验总结"项目。我们负责的是宁夏回族自治区隆德县及自治区内五个典型村的脱贫攻坚总结任务。从接到任务开始，我们就在国务院扶贫办宣教中心领导以及向德平教授团队的带领和指导下组建了项目团队，拟订了调研方案，并和隆德县扶贫办等地方部门取得了联系。2019年夏秋之交，项目组一行怀着激动的心情来到向往已久的"塞上明珠"宁夏，开始阅读塞上江南——隆德县波澜壮阔的脱贫攻坚画卷。团队通过文献分析、深度访谈、问卷调查等方式对隆德县县域经济社会发展，精准扶贫、精准脱贫的政策体系及设计、脱贫攻坚的保障机制建设，贯彻精准扶贫、精准脱贫的基本方略、主要做法与基本经验，以及脱贫摘帽的成果与经验等进行深入调研。在相关部门大力支持和积极的配合下，团队先后深入30多个行政村和20个部门（单位），走访调研"两不愁三保障"、基础建设、公共服务、产业发展、社会治理等情况，并就隆德县建立稳定脱贫长效机制的做法和脱贫攻坚同乡村振兴有效衔接的思路重点访谈了县主要领导。

图2.48 脱贫攻坚总结团队在宁夏回族自治区隆德县调研

项目团队在实地阅读隆德县脱贫攻坚画卷的每一天，都被昔日最不适合人类生存、"苦瘠甲于天下"的隆德的翻天覆地的变化震撼着，被隆德人民的勤劳、淳朴和热情感染着，被隆德脱贫攻坚历程中的点点滴滴感动着。谦和而儒雅的县委"数据书记"袁秉和对隆德脱贫历程如数家珍；质朴而勤勉的陈国栋副县长简陋的办公桌上几大本扶贫笔记本写满了数百贫困户的脱贫经历；全国脱贫攻坚贡献奖获得者宋保童主任五年多时间跑遍全县99个村，在10097户贫困户家里留下了足迹；福建援宁干部樊学双副县长四年如一日，全身心投入到隆德县脱贫攻坚中来，协助建立11个村级扶贫车间，帮助贫困村600多名妇女实现在家门口就近就业……县扶贫办大楼五年未灭的灯光，扶贫

图2.49 脱贫攻坚总结团队在宁夏回族
自治区典型村落调研脱贫经验

干部多年没有节假日，我们在田间地头邂逅、访谈的每一位基层扶贫干部的辛勤与投入，我们走进农户院落看到的每一张幸福而感恩的笑脸……一组组亲切而鲜活的人物，一幅幅生动而凝练的隆德画卷，一幕幕壮阔而平凡的历史瞬间。

团队在宁夏回族自治区五个县市进行调研，总结我国脱贫攻坚经验，汇集中国经验，贡献中国方案，近50万字的研究报告《内外合力：基于乡村治理失灵的县域脱贫攻坚》和图说《隆德 中国脱贫攻坚的最"苦"故事》等获得国务院扶贫办的高度赞扬，获2020年国家出版资助，并将由国家级出版社于近期出版。2020年3月，在新冠疫情防控之际，团队成员提交了《应对疫情防控，做好脱贫攻坚》的资政报告，获

图2.50 学校扶贫团队承接宁夏脱贫攻坚总结项目成果（一）

图2.51 学校扶贫团队承接宁夏脱贫攻坚总结项目成果（二）

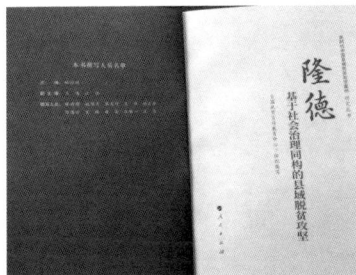

图2.52 学校扶贫团队承接的宁夏脱贫攻坚总结研究报告出版

得国务院扶贫办刘永富主任批示。

2020年，学校扶贫研究团队参与了由民生智库承接、全国十余所高校共同参与的重庆脱贫攻坚总结项目。学校负责重庆市十八个深度贫困乡镇脱贫攻坚经验总结部分。项目历时一年，2021年11月27日，重庆市乡村振兴局会同北京重庆两地专家，采取线上+线下同步的项目研讨会的方式，系统总结了重庆市脱贫攻坚主要成就、理论创新、实践经验以及蕴含其中的制度优势、脱贫攻坚精神。对项目成果《书写人类发展传奇的重庆篇章》初稿进行了评审和讨论。学校林移刚教授代表重庆专家，对书稿内容进行了汇报，并重点介绍了学校承接的十八个深度贫困乡镇脱贫攻坚经验总结部分内容。专家组一致认为，该书基于理论制度层面，对重庆脱贫攻坚历史成就和脱贫攻坚的主要做法与经验进行系统总结，对全面推进乡村振兴、促进共同富裕提供了有益启示与参考。

图2.53 学校参与重庆脱贫攻坚总结项目

图2.54 重庆脱贫攻坚总结项目成果评审现场

三、深耕贫困问题的理论和实证研究，丰富反贫困理论体系

学校扶贫团队紧跟国家精准扶贫和乡村社会治理的时代主题，紧扣国家需要，联合多个院系、多个学科打造西部反贫困与乡村社会治理研究中心。在研究平台的基础上，将扶贫和乡村治理研究有机融入课程实践、志愿服务、项目实习和专业实习的各个环节，鼓励、支持教师和学生聚焦反贫困和乡村社会治理领域的科学研究，为凝练学科方向、加强专业建设奠定理论和实践基础。

团队成员共成功申报反贫困研究相关的国家社科基金项目3项、省部级项目近10项，发表论文20余篇。团队被评为校级科研创新团队，团队依托的科研平台"西部反贫困与乡村治理研究中心"被评为校级优秀科研基地；团队有4名成员入选校级人才资助计划。团队在服务重庆的同时，也成为全国较为知名的反贫困研究团队，发表和出版了系列研究成果，在校内外获得了多个奖项。团队撰写的《政策、能力和组织：社会工作教育扶贫的C县实践》一书，由国务院扶贫办出资，由华东理工大学出版社出版，并获得2020年度国家出版基金资助。

2022年，学校扶贫团队与华东理工大学出版社策划了"全球贫困治理与中国反贫困话语国际传播"丛书，来自华中科技大学、中国农业大学、华中农业大学、华中师范大学、安徽师范大学、西南大学、四川外国语

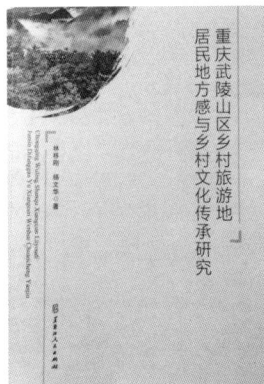

图2.55 扶贫团队出版的案例研究著作

图2.56 扶贫团队出版的案
例研究著作（一）

图2.57 扶贫团队出版的案例研究著作
（二）

图2.58 获批扶贫相关国家级项目并顺利
结项

图2.59 教师扶贫研究成果获奖

　　大学等多所学校反贫困研究领域专家、教授，围绕中国反贫困经验的国际传播与话语体系构建、当代中外反贫困理论比较研究、全球贫困治理的中国经验与中国方案研究、中国与斯里兰卡国际农业与减贫合作研究、"一带一路"国际减贫合作研究、中国与巴基斯坦国际减贫合作研究、中非国际减贫合作路径研究、中国与拉美国家国际减贫合作研究、中国与东盟国家反贫困合作路径研究等内容策划了多本研究著作，学校承接了其中四本。该丛书获批"十三五"国家重点出版图书和上海文创基金资助，将于近期由华东理工大学出版社出版。

03

第三章

山乡巨变：驻村第一书记亲历脱贫攻坚的时代担当

图3.1 奋战在脱贫攻坚一线的"第一书记"们
获评感动校园团队（一）

图3.2 奋战在脱贫攻坚一线的"第一书记"们
获评感动校园团队（二）

驻村"第一书记"制度是国家层面以"精准扶贫"为抓手，推动国家治理体系和治理能力现代化的重要乡村实践，是实现脱贫攻坚的重要实践力量。第一书记驻村是脱贫攻坚中一种重要的服务方法。自2019年以来，四川外国语大学积极配合国家战略实施，先后选派4名干部到重庆万州等地参与脱贫攻坚，为贫困地区的发展贡献高校力量，展现了学校在新时期的时代担当。

秦勇:"第一书记"蹭出三条扶贫"路"

　　2019年3月,秦勇受市委组织部选派担任万州区白羊镇大悟村第一书记至今。驻村扶贫以来,秦勇坚持以党建引领决战脱贫攻坚和决胜全面小康;坚持"到位不越位、依靠不依赖",主动融入村支两委班子。带领工作队、村支两委白天走村入户,晚上开会讨论,确定了大悟村的发展思路,在大山里找寻脱贫答案。抓实主题党日活动,严格执行"三会一课""四议两公开",带领全村党员开展"不忘初心、牢记使命"主题教育活动。按照党中央部署,组织并完成村支书、村主任一肩挑及两委换届选举工作。关心群众疾苦,畅通信息渠道,确保全村64户建卡贫困户高质量实现"一达标两不愁三保障"。主动牵手、帮扶5户建档立卡贫困户。高质量完成新冠疫情、非洲猪瘟等防控任务;实现全市脱贫攻坚"百日大会战""决胜攻坚大督战"、全国大普查等目标任务;经受住了国家、重庆市、万州区和白羊镇有关脱贫工作的一个又一个检查、考核和验收。2019年底,大悟村建档立卡贫困户提前一年全部脱贫,圆满完成国家脱贫攻坚普查工作。

　　一是连通群众出行"路"。大悟村一段时间内面临的首要

图3.3 第一书记指导电商扶贫

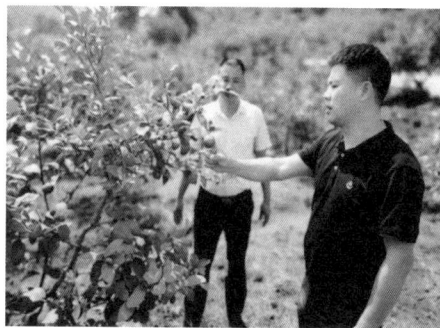
图3.4 第一书记走入田间地头关注果树生长

问题是方石寺人行便桥的复建。该桥修于1945年，只能过人，于2017年9月被暴雨冲垮。由于属于次级河流人行桥，不属于区财政资金解决范围，需要镇村自筹资金修建。资金问题迟迟不能解决，导致一直未能复建，给村民生活、生产带来极大不便，事关基础设施建设和贫困群众生产生活条件。经过努力，多方筹得资金38万元，建成4米宽人行、车行两用桥，两岸新建成240米长、4米宽的混凝土道路，解决了全村7个村民小组2000多人的出行问题。

二是解决柠檬产销"路"。作为全村主导产业，柠檬产量大，销路却一直是老大难问题。一是找平台拓渠道。2019年4月，秦勇邀请潼南能达柠檬专业合作社老总莫在伦一行5人到村里实地考察，为种植户传经送宝。2019年7月，引入涪陵电子商务产业发展有限公司考察洽谈，借助四川外国语大学"创新创业孵化园跨境电商与多语言服务中心"打造电商平台，12月，大悟村被确定为"四川外国语大学&探百村电商农村电商产学实训基地"。2020年6月，牵线渝贸通走进白羊，助推万州青柠走向世界。二是引人才建队伍。2019年8月，回引青年大学毕业生，大悟3组村民牟聪从事农村电商，当致富带头人，聘请建档立卡贫困户用工，拓展柠檬的销售，尤其是把贫困户的产品放在优先地位，半年销售柠檬50多万斤。2020年4月，牟聪被区关工委评为全区"十百千万"五老关爱行动"双带"农村青年人才。目前，牟聪已光荣入党，并被列为村支两委后备人选，留下了"不走的队伍"。

三是铺就"大悟"致富"路"。行路难和销路难问题得到解决后，如何才能解决致富"难"？积极申报2020年中央财政资金扶持壮大村级集体经济项目，成功获取50万元一次性财政奖补资金，在原有大悟柠檬冻库基础上新建了一条柠檬初加工生产线，冻库和设备已经整体出租，集体经济增收年租金5万元，有效推动了全村及周边村居柠檬产业发展，带动农户（贫困户）就业、增收，实现村集体长期稳定收益，村集体经济得以壮大。2019年年底至今，四川外国语大学及个人完成扶贫消费逾50万元。

四是助推白羊扶智"路"。万州区鱼泉中学由爱国实业家杨吉甫于1945年创建，拥有悠久的历史和深厚的底蕴。自

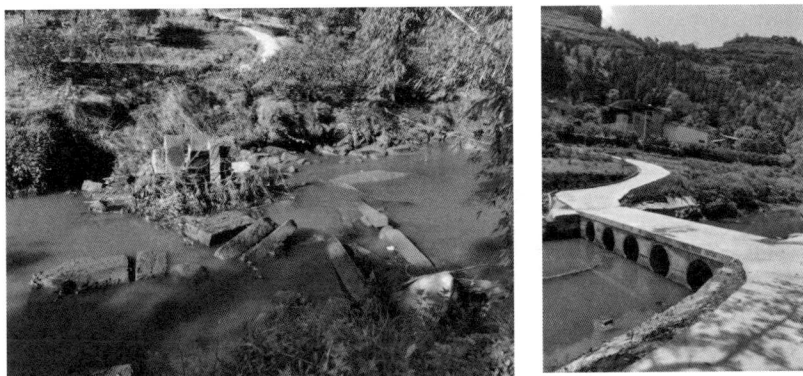

图3.5 秦勇带领村民修建的滚水坝和人行桥，解决了2000多人的出行问题

2019年秋季停办高中以来，学校陷入发展的困境，白羊镇教育事业和群众利益严重受损。为此，秦勇主动前往学校调研，建言献策，并极力促成四川外国语大学教育学院和四川外国语大学附属中学定点教育帮扶鱼泉中学，为学校重振辉煌，为改善白羊镇千百学子的教育问题打下坚实基础。

一分耕耘一分收获。2020年4月28日，市委常委、万州区委书记莫恭明走访大悟村，对秦勇同志的驻村扶贫工作给予高度评价和肯定。在白羊镇2020年"七一"表彰活动中，大悟村党支部获评"先进基层党组织"，村支书牟建军获评"优秀党务工作者"，秦勇同志本人获评镇"优秀共产党员"。10月，秦勇获得重庆市教委脱贫攻坚专项奖励个人嘉奖。秦勇带领村党员志愿者为贫困户插秧苗，被三峡都市报以《秧田里的红色背影》为名报道；带领工作队为贫困户玉米苗除草施肥、解决农产品销路等，被《万州党建时空》161期以"村里的爱心志愿队"为名报道；牵线四川外国语大学三下乡"蒙华夏根 正炎黄魂"文化艺术、教育关爱服务团赴白羊社区

图3.6 第一书记带领村民发展柠檬产业

图3.7 第一书记工作于疫情防控第一线

和贫困村，为期一周的活动得到重庆日报、华龙网等主流媒体的关注和报道；"看万州"和"万州党建"分别以"'第一书记'秦勇：蹚出三条扶贫'路'"和"决战脱贫攻坚 | 秦勇：蹚出三条扶贫'路'的第一书记"作了专题报道；上游新闻和大学生村官网以"特别的家书——'第一书记'写给儿子的扶贫经历"作了专题报道。

申安桂："使命""实干"
书写"第一书记"担当

2019年3月，被选派担任驻村第一书记以来，申安桂始终坚持党建引领，严格落实党的扶贫政策，聚集问题整改，狠抓影响民生、影响发展、影响干群关系的薄弱环节，高质量完成脱贫攻坚任务。

一、着力抓好党建引领，建设一个好支部

一是充分运用党建经验优势，努力强化党支部规范化建设，落实好"三会一课"制度，规范支部委员会和村支两委会议事制度，积极按程序发展中共党员。两年来，发展预备党员1名，1名预备党员转正。2019年，庙沟村被评为甘宁镇优秀基层党组织，申安桂也被评为甘宁镇优秀党务工作者。2020年，市委组织部组织三处来村调研，高度评价了庙沟村的党建工作。二是抓好班子建设和阵地建设。新换届的班子既有万州区党员致富带头人，也有由大学生本土人才成长起来的支部书记，同时也吸引了本村新的大学生加入队伍，班子建设质量获得全面提升。2020年，争取市水利局资金40万元，修复村党群服务中心被冲垮的河堤。争取帮扶资金40万

元，区委组织部专项资金20万元，对村党群服务中心进行改扩建，以提升阵地建设水平作为建党100周年的献礼。三是团结村党支部成员和驻村工作队员，倾情开展帮扶工作，努力宣传

图3.8 第一书记为村民农产品拓展销售渠道

好、执行好党的脱贫攻坚政策。通过反复走村串户、摸准建卡贫困户家庭情况，找准可以享受的政策红利，精准宣讲政策。庙沟村建卡贫困户除三保障政策全覆盖以外，近三分之一的建卡贫困户享受了产业补贴政策，近三分之二享受了小额贷款政策，区外务工人员的交通和创业补贴全覆盖，全村建卡贫困户实现了扶贫政策应享尽享，在2019年重庆市市级督导满意度测评和2020年脱贫攻坚普查中，庙沟村老百姓对脱贫攻坚工作的满意度都是100%。

二、着力推动全面发展，补齐基础设施建设和产业发展短板

一是大力加强水利基础设施建设，保障饮水安全，保障农灌用水。争取用专项资金对老旧水管进行彻底改造，并在村中高处设置两个5吨蓄水池，彻底解决了水压不足难题；争取四川外国语大学资金20万元，修建7个饮水净化池，严格净水制水消毒程序管理，大幅提高饮水质量；争取帮扶单位资金12万元，专项资金70多万元，修建排灌设施一座，铺设

管道9公里。二是大力加强公路和人居环境建设。争取区内单位援助资金140万元，改扩建公路1.9公里，彻底解决庙沟村道路的"肠梗阻"难题。同时在村内主干道种植樱花、蓝花楹、玉兰等5200多棵花木苗，安装160多盏太阳能路灯，有效改善人居环境。三是积极推动产业发展，谋划壮大集体经济。2019年，以香菇种植试水产业发展。2020年，致力于万州区中等海拔山地蔬菜基地和鱼泉榨菜出口原料基地建设，得到市科技局、西南大学和鱼泉榨菜共建科技小院的挂牌支持，产业获得大丰收。目前，庙沟村榨菜产业升级项目——梅干菜加工基地项目已经获得市水利局后期扶持，325万资金项目已经获得审批通过，正在进行建设手续报批工作，产业发展前景喜人。

何冰艳：
从杏坛到田坎扶贫的大学教授

　　2019年春伊始，四川外国语大学教授何冰艳离开站了25年的三尺讲台，来到重庆市级贫困村——万州区甘宁镇高桥村，开始了为期两年的扶贫工作。

　　初到高桥村，千头万绪，何冰艳决定先把基本情况摸清楚。"一看房，二看粮，三看有没有读书郎，四看劳动力强不强"。最初的一个月里，他翻山越岭，走遍了高桥7个村民小组，入户访问了所有在家的贫困户，从田间地头到群众家中，从花椒基地到养猪场，从枳壳种植园到猕猴桃基地，他与群众拉家常、交朋友、共劳动，给贫困户讲政策、找路子、谋发展。

　　通过走访，何冰艳大致摸清了高桥村的基本情况。高桥村平均海

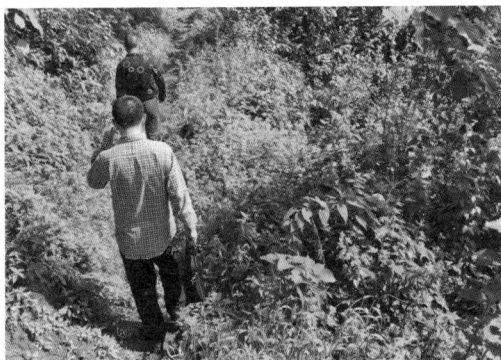

图3.9　何冰艳（后）在走访贫困户的路上

拔800米左右，是典型的山地村，距离万州约23公里，自然条件落后，建档立卡贫困户共175人。

"高桥村'三多两难一低'问题显著，即未脱贫人口多、低收入家庭多、留守妇女儿童多，农产品销售难、饮水难，产业发展效益低"。何冰艳陷入了难题，尽管他是农民出身，但已离开农村三十多年，没有解决农村问题的经验。

不少村民也议论起来："一个瘦矮的白面教书匠，能带我们脱贫致富吗？"

肩上是沉甸甸的担子，身后有群众眼巴巴的目光。何冰艳倍感压力，他害怕辜负了组织的重托和群众的期盼。他暗下决心："我是一名中共党员，既然组织信任、群众需要，我就要全力以赴，把身子沉到基层，竭尽全力为群众排忧解难。"

一、当好"护水人"，力保饮水安全

高桥村的饮水安全问题存在已久，特别是第二村民小组。到村不久，何冰艳就带领村支"两委"和工作队去二组水源地现场查看，情况让人震惊，山坪塘周围杂草丛生，枯枝腐烂，异味扑鼻。

何冰艳心急如焚："绝不能让村

图3.10 四川外国语大学援建的饮水池

民再喝这样的水!"他马上决定对水源地进行清理。但是因为地形限制,无法实施大规模工程,清理效果并不明显。

2019年4月,事情出现了转机。何冰艳向四川外国语大学相关领导提及此事,学校高度重视,6月中旬便提供援助资金20万元用以援建饮水池。11月,施工开始。施工过程中,何冰艳多次带领队员和村支"两委"到现场查看,邀请镇上水利专家到现场指导,并派专门的监督员对施工质量进行监控。

2020年4月30,饮水水源工程顺利竣工,彻底解决了200多名村民的饮水问题。

何冰艳还对另外两处公共饮水池进行了补漏、清理,同时加强了饮水水源地的管理。终于,高桥村的饮水安全问题得到根本改善,村民喝上了放心水。

二、当好"服务员",促产业提质增效

高桥村产业不少,花椒380亩、枳壳500亩、葡萄30亩、猕猴桃20亩,但是种植成本高、效益低。为此,何冰艳和驻村工作队决定不再扩展新的产业项目,集中精力促进产业提质增效。

到村不久,猕猴桃业主王某东曾反映:猕猴桃基地附属的山坪塘在没有经过他同意的情况下,被转租出去养鱼。每当猕猴桃需要用水时,养鱼方却不许放水,只能眼巴巴看着猕猴桃被干死。而且养鱼方外出务工,经常联系不上。问题拖了近三年,王某东甚至打算不再转租土地。如果那样,多位贫困户不仅收不到流转费,自家土地还可能就此撂荒。

事情刻不容缓,何冰艳立马召集村"两委"、业主、养鱼方磋商。他利用队员的法律专业优势,使双方达成协议:猕

猴桃业主王某东给予养鱼方经济补偿，养鱼方得到经济补偿后清理山坪塘并按时交付给猕猴桃业主。短短几天，便解决了王某东愁苦多年的难题。

2020年8月中下旬，天干雨少，王某东庆幸不已："多亏何书记解决了灌溉问题，今年猕猴桃产量还比往年增产了三分之一。"

同时，何冰艳动员帮扶单位的力量，协助花椒基地业主申请"万州区扶贫示范车间"，获得产业发展扶持资金30万元；2019年，他组织动员村支"两委"和养猪大户打好养猪疫病防控攻坚战，有效防控了疫病蔓延。

图3.11 何冰艳（左）在农户家了解养猪疫病防控

何冰艳上任后，高桥村产业发展效益逐渐提升，带贫能力显著增强，新增致富带头人2名，龙头企业带头人1名。2019年，高桥村五大生猪养殖户实现出栏生猪1500余头，盈利500余万元，相比2018年增加350%；2020年，积壳（干）从0.5万公斤增产到1.5万公斤；猕猴桃从每亩1500公斤增产到2000公斤。产业发展规模和效益在甘宁镇25个村中名列前茅。

三、当好"推销员"，巩固脱贫成果

新冠疫情突如其来，脱贫攻坚又添新挑战。

2020年3月6日，习近平总书记在决战决胜脱贫攻坚座谈会上指出："要切实解决扶贫中农畜牧产品滞销问题，组织好产销对接，开展消费扶贫行动，利用互联网拓宽销售渠道，多渠道解决农产品卖难问题。"高桥村距甘宁镇场镇较远，且山路崎岖，交通工具只有公交车，村民交易农产品非常不便。仅仅卖鸡蛋，就要往返10多公里。再加上新冠疫情，外运受阻，这对村民来说更是雪上加霜。

为帮助村民销售农产品，何冰艳和工作队制订了《高桥村消费扶贫工作实施方案》，形成了工作队主导、专人负责、村支"两委"参与的消费扶贫工作机制。他通过微视频、朋友圈带货，发布微信推文，大力宣传高桥村的土鸡、土鸭、土鸡蛋、花椒、苕粉等农产品。

在派出单位四川外国语大学和重庆市人民检察院第二分院的大力支持下，他依托甘宁农村淘宝店电商，为村民卖出大量农产品。

从2020年初到9月20日，驻村工作队共销售土鸡蛋6000余枚，玫瑰香橙1000余公斤，花椒1500余公斤，销售总额达10万余元，帮助贫困户人均增收近500元。他的措施解决了村民卖农产品困难的问题，激发了村民发展种养殖业的积极性，巩固了脱贫成果，让村民卖得快、卖得好，卖得方便。贫困户熊某祥说："工作队帮

图3.12 何冰艳在高桥村枳壳基地了解枳壳烘烤情况

我们卖鸡蛋，每个鸡蛋比原来多卖2毛钱，还不用去甘宁场，免去了往返路费，帮了我们大忙。今年我要争取再养200只鸡鸭。"

四、做好"村管家"，关心外出务工贫困户

"要优先支持贫困劳动力务工就业。"外出务工是很多贫困户的主要收入来源。每年春节结束，很多村民都背起行囊，加入外出务工的大军。然而，2020年的新冠疫情让他们不得不留在家。但小孩读书、老人看病，家中大小事都急需钱。有些家庭没有了打工收入，几乎无法正常生活。

何冰艳见此情况，迅速带领工作队在就业网站、重庆主城企业中广泛收集用工信息，张贴电话，入户送岗。与此同时，还通过微信群发告知群众用工信息。到2020年6月30日，高桥村有务工意愿的村民都实现了外出务工。

高桥村6组贫困户刘某芳是2017年易地扶贫搬迁户，搬迁后一家人全靠其儿子刘某乾外出务工，可由于疫情，刘某乾无法回到原单位工作。何冰艳得知该情况后，给刘某乾推送就业信息，协助他联系用人单位，先后面试、试岗5家企业，最终和重庆市沙坪坝区凤佳工业园区某家具公司签订了劳动合同。

何冰艳还利用周末去看望刘某乾等外出务工人员，了解他们的工作、居住、待遇情况和实际困难，鼓励他们

图3.13 何冰艳（左）到沙坪坝区凤佳工业园区看望刘某乾

在疫情情况下安心务工、注意防护、注意身体健康。刘某乾的父亲刘某芳逢人就讲："没有想到何书记对外出务工的贫困户那么关心，比亲戚还亲，周末还去看望我儿子，真心把大家当亲人看待。"

图3.14 何冰艳到万州红溪沟码头看望务工贫困户

五、当好"培训师"，探索志智双扶

高桥村和大多数贫困村一样，多数村民外出务工，留在村里的主要是老人、妇女和小孩。每逢暑假，城里的孩子可以上补习班、兴趣班，但农村孩子却没有机会。外出务工的父母希望能让他们的暑假更有意义。针对这样的情况，何冰艳和驻村工作队、村支"两委"商议决定举办暑期培训班。

2019年7月15日，"高桥村首届留守儿童培训班"开班，内容包括暑假作业辅导、国学经典诵读、文体活动等，而且不需要村民缴纳一分钱。通过培训，孩子们的学习习惯有所改善，同时开阔了眼界，收获了丰富的暑假生活。

村民李某英说："孩子们很喜欢这种培训班，能在快乐中学到知识，要是今后

图3.15 何冰艳（右）在入户

暑假都有这种培训班就好啦！"

另外，在万州区新冠疫情最严重时，贫困户和扶贫产业业主积极参与"脱贫不忘党恩"捐款活动，并利用部分捐款购买玫瑰香橙250公斤，送到万州区新冠肺炎定点治疗医院——三峡中心医院百安分院。

在何冰艳担任第一书记的两年中，高桥村的脱贫攻坚工作在原有基础上迈上新的台阶，高桥村的"三多两难一低"问题得到了根本解决。新硬化乡村公路2.68公里，增设扩容变压器两台，新修公共饮水池1口，维修公共饮水池2口，维修贫困户住房、厕所厨房改造30余户，村民生产、生活条件明显改善。截至2020年6月30日，高桥村贫困人口全部高质量脱贫，产业发展效益提升显著，带贫能力明显增强。

高桥村委会主任陈守贵说："在高桥村，何书记作出了很大牺牲，无法照顾家人，但是在他的带领下，高桥村的路通了，产业好了，饮水安全了，村民的钱包鼓起来了。"

第四章

乡村振兴：
扎根热土的
时代奉献

在巩固拓展脱贫攻坚成果、全面建设社会主义现代化国家新征程中全面推进乡村振兴的背景下，2021年5月，中共中央办公厅印发了《关于向重点乡村持续选派驻村第一书记和工作队的意见》，提出向重点乡村持续选派驻村第一书记和工作队的要求。四川外国语大学紧跟时代步伐，选派官晴华、马驭骅、李江、李正廷等干部到秀山土家族苗族自治县担任驻乡驻村干部，参与乡村振兴工作，用实际行动书写着新时代川外人的奉献担当。

第一节

官晴华：
用心用力，真情实意助力乡村振兴

作为乡村振兴驻乡工作队成员之一，我和其他同事一起，团结协作，接续对口秀山县，重点帮扶涌洞镇。两年多来，我们贯彻落实市委、市政府决策部署，紧紧依靠当地党委、政府，认真履职尽责，用心用力，真情实意，尽己所能，扬己所长，战疫情、防汛情，务实推进脱贫攻坚成果持续巩固，乡村振兴帮扶工作起步良好，呈现出积极向上的发展势头，成效初显。

涌洞镇位于秀山县东北部，距离县城35公里，总面积67.78平方公里，辖8个村、45个组、3095户、11667人，低保兜底355户735人，其中低保贫困户155户355人。全镇有耕地20675亩，其中田11618亩、土9057亩，大多数耕地属于坡耕地，耕种条件相对较差，属典型的"七山一水二分地"。2020年全

图4.1 官晴华栽种涌洞贡米

镇实现地区生产总值 1.72 亿元，增长 7.2%；固定资产投资 2.3 亿元，增长 11%；农村居民可支配收入达 16957 元，低于全县平均水平。该镇以产业发展全覆盖为目标，逐步形成了以茶叶 2000 亩、金银花 2000 亩、银杏 1200 亩、油茶 1200 亩、高山蔬菜 1000 亩、其他中药材 300 亩、中蜂养殖 3000 群为主导的特色产业格局。

一、出点子

帮扶的最大优势是智力服务，出谋划策，给思路、出点子。官晴华深入调研，多次走访，不单对脱贫监测户，还对资源、产业、治理等全面调研，紧扣发展主题，发挥比较优势，科学规划，谋划思路，做到了五年有规划、年度有计划、阶段有重点。官晴华专题编制了《涌洞乡村振兴帮扶工作规划（2021—2025 年）》，压实成员单位帮扶责任，合力推动涌洞镇乡村振兴。去年、今年都及时印发了工作要点，明确目标任务，今年聚焦五大振兴和民生实事列出帮扶清单 82 项。还根据不同时期工作重点针对性提出了指导意见。同时，积极推进观念转变，促进思维、方法、模式等创新，策划包装项目。

二、聚资源

立足当地所需、群众所盼，单位所能、自身所长，我们广聚资源，争取要素，多次上门，协调成员单位，汇聚各方力量，充分发挥成员单位在信息、技术、金融、市场、医疗、教育等方面的资源优势特长，提供智力支持帮扶，督促拿出具体实在的帮扶措施。两年向成员单位筹措帮扶资金 3500 多万元，引导成员单位商务委、农行、海关等主动为镇村寻求支持项目并资助资金563万元，助推产业发展，做好产后服务，培育特色品牌。商务委、口岸物流办、海关、国际物流集团等助推开行西部陆海新通道武陵山班列，有效降低物流成本。积极引入科技帮扶，充分发挥帮扶成员单位的科研机构作用，先后动员和协调、邀请市食品工业研究所、地质矿产研究院、茶叶协会、手工编织协会、西南大学水稻研究所等机构领导、专家对茶叶、水稻、油菜、水资源等提供技术指导服务，助力产业兴旺。

三、促发展

乡村振兴，产业是基础。针对基础薄弱的实际，官晴华主动作为，因地制宜，抓住产业发展这个"牛鼻子"，重点发展特色产业、乡村旅游、农村电商，推进产业发展。一是加速产业布局，基地稳步推进。按照产业配景、产品配套的思路，协力推进米、茶、菜、药、蜂畜等特色产品基地建设，促进土地流转8000亩，还开垦撂荒地2000亩，新增基地1万亩，现有水稻（贡米）2000亩、茶叶9000亩、蔬菜500亩、中药材3000亩，目前产业规模已初具雏形，老基地产量、效益双提升，新基地长势喜人。二是着力策划项目，延伸产业链条。加大产业帮扶力度，重点放在接二连三的产业延链补链、增值增效，策划一批农特产品加工、电商、农家乐民宿、农业等产业和民生项目，推动以农家乐民宿为主的乡村旅游、以农特产品加工为主的农村电商，确定了38个帮扶支持项目，督促推进落地和加强监管，新扩建的贡米加工厂和凉河茶叶加工厂、新农茶叶加工厂、竹器工艺厂等建成投产并有初步效果，有的正在加速建设。三是发挥主体作用，激活发展动能。既培育市场主体，重点发展新型农村经营主体，推动新发展种养殖业（专业）合作社、乡村旅游服务业、农村电商市场主体42家，新增SC认证5个，又激活群众内生动力，动员群众广泛参与，在发展中注意构建产业发展与群众利益联结机制，还壮大村级集体经济。四是主动出击，招商引资。千方百计引进技术、项目，遴选优质企业，引进业主15个，为涌泉水、民宿、蛋鸡等项目进行招商引资工作。

四、办实事

一方面，突出抓好农特产品的销售，没有出现滞销情况。两年来，完成消费帮扶任务1500多万元，加大对涌洞的茶、油、菜、鸡、蛋、肉等农特产品推销，销售额达20多万元。

图4.2 官晴华上山为留守老人收玉米

新种水稻上市后，7万斤贡米销售一空，增强了老百姓对发展产业促振兴的信心。驻镇驻村干部帮助开发网上销售渠道，十八堡、野坪君等微信商城帮助百姓销售农特产品，壮美川河微信商城即将上线运营。农民群众增收得实惠。另一方面，帮助解决民生实事，协调三峡担保、国际物流等成员单位捐资捐物200多万元（其中捐资助学104万元），用于帮助解决群众修路、教育、就医、饮水等和人居环境整治，开展绿化美化，种植绣球花、菊花等3万余株，种植道路树6000余株，对河坝白竹山、野坪兴坪、古田前进等人居环境进行整治，改造厕所600户以上，新安装路灯500盏以上，惠及百姓。

五、解难题

我们从推动发展做起，从群众急难愁盼的事情做起，得到了当地干部群众的信任和支持。一是守住底线不返贫，扎实巩固脱贫攻坚成果，多次开展走访排查，精准摸排，动态监测，深入摸排紧盯"两类人"，加强对1167户脱贫户的监测，既拉近了距离，增进了感情，又掌握了实情，发现问题动态清零，低保动态调减98人，未发现一户返贫致贫现象，未出现一个因病致贫家庭，"两不愁三保障"和饮水安全得到有效巩固并不断向上向好，推进与乡村振兴有效衔接。二是扎实开展就业帮扶，协助抓好引导外出务工、产业基地务工、帮扶车间（基地）务工、公益岗位兜底等，通过产业发展推动就地务工240人，还吸引返乡创业20人，确保不因疫情失业返贫致贫。三是帮困解难，利用各类节日走访慰问困难群众和敬老院，送去50万余元物资和现金，让他们感受到帮扶的温暖。

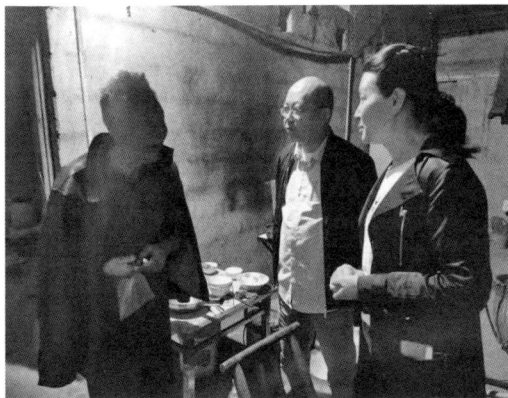

图4.3 看望慰问涌洞脱贫户石帮玉老人

六、建机制

市级联系领导 3 次深入秀山县及涌洞镇、隘口镇调研指导。建立帮扶集团协调联络机制、召开 5 次成员单位会议、落实 2 个成员单位对口帮扶 1 个村的工作制度。实行帮扶单位与第一书记责任、项目、资金"三捆绑"。建立工作通报制度，不定期将帮扶事项、项目实施、消费帮扶等情况上报，累计编发简报 78 期。建立工作队与成员单位对接工作机制，到各成员单位衔接帮扶工作。建立每月工作队与涌洞镇、县乡村振兴局工作联系机制。针对性地组织到相关区县的学习考察。坚持每月学习例会、工作例会制度。每月与镇联合召开现场推进会，统筹推进帮扶工作落地见效。参加县的季度调度会。

在两年多的乡村振兴工作中，官晴华持续以资源协调、政策支持、智力支援为重点，把智慧凝成实策，把激情化为实干，用创新办好实事，以担当赢得信任，走好赶考之路，全力推进落地见效，力争项目建设出形象、产业发展结硕果、基层治理迈新步、创新发展开新篇，合力推动乡村振兴。他说，乡村振兴是一项需要久久为功的伟大战略。作为奋战在第一线的工作者，一要增强等不起、坐不住的责任感，提高立说立行的速度。时间过半，驻镇驻村干部激情高，都想做事做成事，以"时时放心不下"，以饱满热情、奋进激情，时不我待，只争朝夕，跑好第一程，让百姓有获得感，给组织完美交代，给自己留下深刻记忆。二要在敢为中展现迎上去、冲在前的精气神，鼓足敢闯敢拼的劲头。突出重点，始终把产业发展、项目建设和乡村治理作为重点，加快建设进度，大力招商发展，尽快建成投产，发挥效益。集聚成员单位帮扶资源，对照帮扶清单，尽快落地见效。三要在善为中书写惠民生、顺民意的幸福卷，落实有效有力的举措。尽凝聚之力，担帮扶之责，解群众之难，多为百姓办实事、解难题，在乡村治理、文明乡风积分制等中做些探索实践，真抓实干出成效。

第二节

马驭骅：融入乡土，"内外兼修"的屯堡村第一书记

2021年5月，一纸任命让四川外国语大学国际金融与贸易学院党总支副书记马驭骅换了身份，本是高校老师的他，积极响应国家号召，坚决服从组织安排，从弥漫书香气的都市校园来到散发泥土气的偏远乡村——重庆市秀山土家族苗族自治县隘口镇屯堡村，开始了驻村第一书记的全新工作和生活。

屯堡村位于秀山县隘口镇，系隘口镇五个贫困村之一，位于隘口镇南部5公里，地处隘口水库腹地。距县城46公里，距包茂高速秀山站40多公里，距渝怀铁路秀山站40多公里，西与贵州沿河县毗邻。平均海拔700多米，辖区面积10.04平方公里，下辖7个村民小组共444户1910人，其中党员44名，建卡脱贫户47户232人，低保户69户158人，五保户6户6人，残疾人69人，孤儿2人，困境儿童2人，全村总耕地面积1276亩，林地7100亩。屯堡村主导产业为茶叶、油茶等，还盛产金银花、吴茱萸等中药材。已种植茶叶1444亩，油茶1020亩。2017年成立了秀山县聚运农业专业合作社，合作社现有社员226户（土地入股），建长脱贫户社员34户，产业受益覆盖建长脱贫户47户230人，全村产业受益覆盖率达100%。

2020年7月底建成了年产能500吨鲜茶的加工厂。

　　从熟悉的教育工作岗位到陌生的农村工作环境，初来乍到，马驭骅有些忐忑不安，但他想到组织的信任，共产党员的责任担当和初心使命，内心一下子平静下来了，在驻村工作日志的肩头写下一行字"干中学，学中干，且行且干；干一行爱一行，干一行精一行"。他坚信，"心在哪里路就在哪里"，从三尺讲台到广阔乡村，变的不过是身份，始终不变的是全心全意为人民服务的宗旨意识。

　　心态决定状态。紧紧团结、依靠屯堡村村支两委，马驭骅很快就适应了乡村的工作节奏，走村入户了解社情民意，深入一线调研掌握资源情况，谋划制订工作方案，渐渐与干部群众

图4.4 第一书记为贫困户干家务

打成了一片，融入了这片土地。

　　马驭骅紧扣党中央对乡村建设提出的"产业兴旺、生态宜居、乡风文明、治理有效、生活富裕"20字方针，围绕"产业振兴、人才振兴、文化振兴、生态振兴、组织振兴"五大乡村振兴任务，按照"下得去、蹲得住、融得进、干得好"的驻村工作要求，擘画屯堡的乡村发展愿景。他希望用好屯堡村地处隘口水库核心腹地的位置，依山傍水，交通便利，资源丰富，民风淳朴，生态美好，景色秀丽，气候宜人，具备发展休闲生态旅游业的优势，以"素质提升、环境提升、

服务提升、产业提升"等四个提升为切入点，通过生态旅游体系、文化建设体系、公共服务体系等三大体系建设，大力发展外向型、休闲旅游型经济，构筑可持续的发展模式和消费模式，建成"文化屯堡、生态屯堡、美丽屯堡、富裕屯堡"，让生活在这片土地的人能世代守住乡土，记住乡愁。

一、立足本土资源，强练内功，提升原生动力

马驭骅认识到，发展需要先天优势和后发力量。丰富的自然资源、淳朴民风是屯堡发展的先天优势，人才储备、思想观念、管理手段是屯堡发展的后发力量。先天优势只需要用好了就能发展，而后发力量则需要长期培育才可产生效能。为此，马驭骅通过"内修外引"，在乡村治理、产业发展、人才培养方面铆足劲，猛发力。

二、让党纪国法、公序良约植根乡土，实现乡村"法治、德治、自治"

乡村治理非一日之功，需久久发力。马驭骅紧密团结村支两委，常态化宣传党纪国法、公序良约，扎实开展基层党组织建设，加强安全生产、产业管护、村居环境改善、疫情防控、安全稳定等重点工作，认真做好村民职业技能培训、综合治理、民生保障、社区服务等日常工作，凝心聚力，引导村民遵

图4.5 入户走访五保户

纪守法，保持淳朴乡风，共建文明家园。

马驭骅经常走村入户，了解社情民意，上门宣传党的方针路线政策，落实政府各级部门的工作任务，还给村里60—80岁的老人送急救包，多次自费购买慰问品看望和慰问养老院的残疾低保户和五保户，自费给残疾低保户赠送慰问金，深夜驱车近百公里送因交通事故受伤的村民小孩到县医院就诊，与特殊困难村民子女在读学校联系解决生活困难等。

三、强化造血能力，依托产业发展，带动共同富裕

随着工作的深入开展，马驭骅了解到村里拥有良好的产业基础。自脱贫攻坚工作启动以来，屯堡村因良好的地理位置、生态环境和气候条件，在各方的大力支持下发展起了茶叶产业，目前开发了1444亩有机茶园，拥有一个茶叶加工厂，还注册了自己的茶叶品牌"白楮堡"秀山毛尖，"白楮堡"在2021年第十一届国际鼎承茶王赛春季赛获得"特别金奖"。如何让茶叶产业在乡村振兴中发挥出其应有的作用，让村民共同富裕，成为马驭骅和村支两委经常研究的课题。

在脱贫攻坚阶段，屯堡村已经在产业方面打下了坚实的基础，经过几年的建设已经形成了生产、加工到销售的一个完整产业链。生产环节，必

图4.6 村茶叶产品展示

须依托农业专业合作社的村集体力量，在管护上下功夫，加强对村民的专业技能培训，争取提质增量；在加工环节，要用好合作企业的资源，引进加工方面的专业技术人才，严把质量关，增加茶叶产品的种类，提高茶叶产品的质量与规格。同时，在销售方面，必须创品牌，打开销路，一方面要培养自己的销售团队，建立自己的销售平台，同时要充分利用政府资源，比如通过"山水隘口"乡村扶贫产业园的电商平台以及其他社会渠道，建立起立体的销售网络体系。只有这样才能真正地把资源变资产，资金变股金，让农民成股东，把产品变成收益，让村民成为发展成果的受益者。

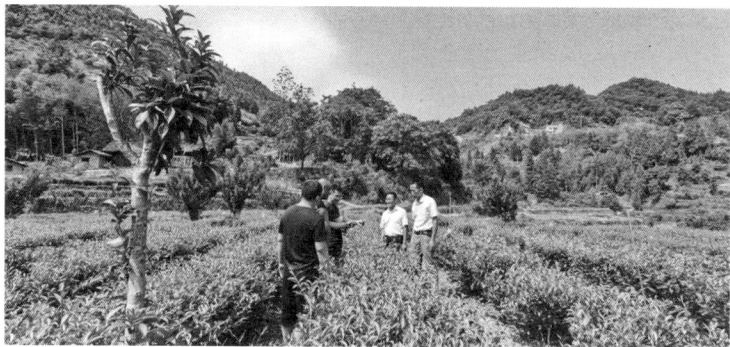

图4.7 与村支两委和驻村工作队员查看茶叶产业管护情况

四、引他山之石，润本土之玉

农村的各种资源都很有限，各项工作要快速发展、长期发展、可持续发展，必须借鸡生蛋、借力打力、借势发展。

为改善办公条件，经马驭骅联系，重庆唐卡装饰集团设立了"秀山县隘口镇屯堡村乡村振兴设施专项基金"，给屯堡村捐赠价值5万多元的6台柜式空调，并计划参与屯堡文化广场的建设。为推进基层党组织建设，在马驭骅协调下，中国平安财产保险重庆分公司给屯堡村委捐资3万元，与屯堡村开展基层党组织共建，并支持屯堡村的产业发展。在马驭骅的促成下，重庆市级"样板

图4.8 争取到重庆唐卡装饰集团的帮扶基金

支部"建设单位、四川外国语大学国际金融与贸易学院教工第二党支部与屯堡村党支部开展结对共建活动。共建活动重点围绕"五个一"开展，即共同上一堂党课、共同开展一次主题党日活动、双方"两委"成员或代表进行一次座谈、共同进行一次走访调研、共同为群众办一件实事。支部为屯堡村留守儿童和特殊困难村民赠送食品和生活用品等；同时，支部为帮扶因患重大疾病和遭遇车祸等情况而导致生活十分困难的村民在学校发起公益募捐倡议，共筹集19000余元，设立屯堡村特殊困难人员帮扶基金，为困难群众购买"渝快保"以及其他商业保险，形成对更多困难群众可持续的长效帮扶机制。为培养留守儿童健康的心理，马驭骅邀请重庆市渝中区共好企业家协会到隘口镇凉桥小学开展公益活动，为凉桥小学及屯堡村学龄儿童捐赠包括防寒羽绒服、帽子、围巾、鞋子、袜子、书包、画笔、防冻霜等价值5万多元的慈善爱心"温暖包"，让农村留守儿童感受来自社会的大爱和温暖。为帮助村民农产品的销售，增加家庭收入，马驭骅帮助3个建卡

脱贫户销售蜂蜜增收1万多元。为拓展屯堡村茶叶产品销售渠道，马驭骅一方面通过各种渠道推介销售屯堡村茶叶，直接销售茶叶产品300多斤，销售额达20多万元；同时还通过开网店，建抖音账号，与东西部（重庆）消费协作中心电商平台联系，与重庆市外经贸担保有限公司洽谈，希望拓展海内、外市场。

五、发挥高校优势，让教育润泽城乡，互动中融合发展

城乡发展有差异，城乡观念有不同，但城乡需要统筹发展、协调发展，因此，城乡需要互动，在互动中融合。

马驭骅认为农村和高校是两个不一样的领域，有不同，有差距，但是也有共通的地方，学校是教育管理，这里是乡村治理，治理都离不开人的参与。要缩小城乡发展的差距、减少城乡观念的冲突，需要教育的润泽，通过城乡人之间的互动交流，消除人际代差、打破区域局限。马驭骅利用自己原单位四川外国语大学的教育资源，通过师生到村开展党建共建、课题调研、社会实践、教学实习等活动，把城市的观念、习惯、信息带到乡村，让高等学府的教

图4.9 指导四川外国语大学的大学生"暑期三下乡"实践活动

育者，让象牙塔的大学生直观地接触、了解草根、基层，同时把不同的信息、不同观念带到乡村，彼此在交流、对比中互鉴、交融、取长补短、共同进步。

四川外国语大学国际金融与贸易学院党总支教工支部在屯堡村设立特殊困难人员帮扶基金；国际金融与贸易学院18名师生利用"暑期三下乡活动"，到屯堡村开展农村经济发展课题调研，并为屯堡学龄儿童提供暑期课业辅导；四川外国语大学德语学院10多名师生到屯堡村开展"社会实践周"活动，为屯堡村留守老人提供健康保健咨询、开展反诈宣传和疫情防控指导等社区服务；四川外国语大学社会与法学院院长林移刚教授带着课题到屯堡村开展社会学课题调研。通过这些活动，师生从课堂走向田间，把理论和实践结合起来，加深对社会的感悟、思考，提升了服务社会的能力。

图4.10 与川外国际金贸学院教工支部开展基层党组织共建活动

李江：无私奉献，
一片丹心为人民的平所村第一书记

　　平所村位于国道 326 线旁边，平江河穿村而过，是一个美丽富饶的小山村。全村 576 户 2783 人，常住人口 1818 人，外出务工人员 1000 余人，脱贫户 70 户 289 人，监测户 4 户 23 人，低保户 62 户 120 人，五保户 5 户 5 人，残疾人 73 人，留守妇女 19 人，留守儿童 95 人，60—80 岁的留守老人 15 人，散居在方圆 10 公里的 8 个村居。为了尽早熟悉村情，融入老百姓，两年来，李江骑着那辆黄色小电驴踏遍了平所村的每一个角落，走访农户实现了 100% 覆盖，并在小小的平所村书写了高校教师驻村的感人故事。

图 4.11　李江在入户了解群众心声

一、加强基层党建工作，努力建设砥砺奋进的战斗堡垒

李江来到平所村后，按照上级党组织的指示，加强基层党建工作，定期举行党员主题活动，学习习近平新时代中国特色社会主义思想，坚持"两个中心"，维护党和国家的权威，在思想上保持全体党员的纯洁性、战斗力，号召全体党员发挥党员的模范作用，树立人民至上的初心，全心全意为人民服务，在乡村振兴各项事业中冲锋在前、吃苦在前，带领全村广大群众投身乡村振兴伟大事业，走共同富裕的道路。驻村以后，适逢党百年华诞，李江及时策划、组织了全体党员学习习近平"七一"庆典讲话，领会习近平总书记"七一"讲话精神，带领全村党员干部学党史、悟思想、开新局、办实事，以实际行动践行党员的示范作用。两年来，李江带领工作队与村支两委通力合作，有条不紊地完成上级交办的各项工作任务，在实干中顺利完成了新旧支部书记的交替工作，完成了村干部换届选举，为平所村的稳步发展提供了组织保障。

二、构建产业可持续发展机制，确保产业发展稳中有进

党的二十大以后，习近平总书记进一步提出"建设高质量的中国式现代化"，农村也要步入现代化行列，因此产业振兴更是刻不容缓。只有产业兴，农民才能富裕，只有奔跑在富裕的康庄大道上，农民才能提升生活质量，农村才能步入高质量的中国式现代化。

图4.12 李江在和村民一同插秧

驻村以后，李江书记躬身田间地坎，向朴实的村民虚心学习农村工作，平生没有下过地的他脱下鞋子扑通一声跳进水稻田，跟老百姓一起栽秧，春播水稻。在边学边做的过程中，秉持产业振兴是乡村振兴第一要务的理念，同村支两委梳理平所村产业发展脉络，一方面做好原有产业的工作，一方面思考构建乡村产业可持续发展机制，确保平所村产业发展稳中有进，老百姓能够增收增益，在"两不愁三保障"全面脱贫的基础上不断提升生活质量和生活品质。

为了发展乡村产业，驻村以后，李江带领工作队利用工作和业余时间踏遍平所村的每一个角落，深入了解大棚种植、青蛙养殖、茶叶种植、太空莲基地、果桑基地、核桃基地、三红柚基地的现状和发展，提出切实可行的建议与方案。针对平所村的茶叶基地，李江邀请重庆十八梯宝能集团下属公司老总考察隘口平所村的茶叶基地、太空莲基地，落实初步合作意向，在十八梯广济梁公司创建隘口小叶茶叶展示窗口，推介和销售隘口小叶系列茶叶产品。2021年10月首批试用品销售良好，下一步的工作稳步开展。针对太空莲子销售问题，李江协助川外工会完成了2021年度对隘口的80万消费帮扶任务，顺利将平所村太空莲基地的太空莲销售完毕，保证了平所村太空莲基地的收益，为平所老百姓办了实事。他邀请重庆市渝北莱信城乡发展管理中心到平所村考察田园综合体，商谈乡村旅游发展事宜，为平所村未来的乡村旅游事业把脉，提出政策性建议。2022年5月，李江顶着烈日连续工作10小时，为隘口华瑞农业合作社拍摄制作隘口小叶系列茶品、金丝皇菊、山银花等绿色产品的广告宣传册，以实际行动助推乡村产业振兴。2023年眼见大棚招商不力，他四处托人，寻找资源，先后找了3家农业公司、农业种植户来考察大棚基地，商谈招商承租事项。

三、走近百姓倾听诉求，精心帮扶防止返贫

2021年5月14日入驻平所村的第一天，细雨蒙蒙，刚刚把寝室整理完毕，就接到白药组组长杨毅的电话，说五保户杨建华瘫痪在床，需要送到坝芒养老院。李江书记二话不说，披了件外套就赶赴杨建华家中，还没进门，一股恶臭扑面而来。原来，杨家华是独户，半身不遂，无人照料，本应该待在养老院，但本人固执，坚决不去，于是就发生了今天的情况，翻身下床的时候摔到床下，大便失禁，床上、被子上、裤子上全是粪便，加之天气酷热，恶臭满屋。情况明确后，李江书记戴上口罩，跟大家将杨建华扶到床上躺下，揭开裤子，用手一把一把帮他清理粪便，然后打水给他清理下身，前后费了一个多小时，才把杨建华下身清理干净。接着，跟大伙儿一起将他抬到车上，带上必要衣物，送到镇上的养老院，安置好了才离开。那天是星期三，大雨。两天后，李江

书记买了两件牛奶，叫上村里的妇女主任，再次赶到养老院看望慰问五保户杨建华。半年后，杨建华因病去世，镇上料理了后事。两年后，他兄弟杨松从贵阳回来祭祖，特意跟李江书记见面，表示感谢。

杨建华的事情过去没多久，下白药组组长崔跃亲自找到李江，说："李书记，你是上面派下来的，一定要去看看这个叫刘昌发的村民。看能否想点办法解决下他家的困难。"当日，李江书记便跟着崔跃，带领工作队队员去刘昌发家家访。通过入户走访，了解到刘昌发今年60岁，因脑梗和尿毒症瘫痪在床，起居无法自理，只有老伴在家照顾，老伴没工作，且体弱多病，还要照顾一岁的孙子，全家仅儿子一人在外打工养家，媳妇在家怀着二胎，两个月后生产。刘昌发之前住院前后花去近30万，目前都还欠着一大笔没还。"我去的时候，他老伴儿正照顾他起床，因为瘫痪，刘昌发半个身子用不上力，全靠老伴儿扶持。同去的队员看到此情此景，都不禁心酸。"跟刘昌发一家交谈后，李江书记带着记录的材料回到村里，当即召集村支两委和工作队开会讨论刘昌发的低保问题。大家一致同意为刘昌发老人申请低保。老人没有文化，低保申请都是李江书记根据其口述代为撰写，最后由其签字，所有材料由村里分管民政的专干杨红梅为其代为办理。所幸其申请得到了上级部门批复，通过了他家的低保申请，同时将其纳入了监测户。其间，李江书记还通过重庆慈善总会为其购买轮椅一辆，解决了刘昌发日常出行的问题，并在2022年春节前夕，带着工作队和村支两委上门慰问，亲自将慰问款1000元送到老人手里，表达对他们全家的问候和关怀。

在平所村，有着各种困难的群体有很多，在大走访、大遍访的过程中，李江书记将群众的诉求一一记在本子上，累计都有两大本，回去后整理出来跟村支两委协商，寻求解决的办法。因工作扎实、到位，李江书记跟脱贫户和特殊困难群体结下了深厚的情谊，在与老百姓打交道的过程中，忠实地履行了我党群众路线，在老百姓心中留下了"干实事的书记"的美誉。

四、情系教育，力促乡村人才振兴

李江书记从大学毕业至今，从教30年，去年7月，学校还给李江颁发了从教30年资深教师的荣誉证书，因为挚爱教育，教育的情怀就随他一路外溢到了边城秀山。报到那天，放下行李，下楼来，正好遇到村小课间休息，听到清脆的下课铃声和课间操铿锵激昂的音乐声，李江书记顿时有些莫名的兴奋。对教育的情怀促使他第二天就迫不及待地辗转找到村小校长电话，主动联系并上门拜访，了解学校的困难和诉求，从此与村小结下不解之缘。

看到孩子们的座椅锈迹斑斑，李江第一时间联系重庆新东方，捐赠502套全新的复合材料座椅，远在大山的孩子用上了跟主城重点中学一样的座椅板凳；看到孩子们上课还在用老旧的液晶电视，李江联系重庆新东方，捐赠8台进口投影仪，改善了村小的教学环境；看到村小和幼儿园开展课外活动物资和器材缺乏，立刻联系社会爱心企业，捐赠价值4万元的图书和价值6万元的体育娱乐器材；2022年六一儿童节，联系重庆怪兽部落为村小246名孩子捐赠价值15000元的各类玩具，保证每一个孩子人手2~3件玩具，度过一个充实开心的儿童节；听村小杨荣正校长谈及饮水池坍塌的隐患，立刻起草申请，向重庆慈善总会申请到14000元，帮助村小修葺加固饮水池，消除安全隐患；看到村小的孩子放学后缺乏监管，不好读书，立刻起草倡议，在川外工会的帮助下，捐建了平所村儿童"书笺小驿"，并得到川外全体教师的响应，收到图书捐赠2000册，于2020年10月开始对平所村的孩子开放。两年以来，得到爱心企业的关注和帮助，扩容图书4000册。每天下午放学后，李江书记亲自担任图书管理员，办理图书借阅，无论风雨，坚持不懈，将"书笺小驿"办成了四川外国语大学图书馆的分馆。两年来，服务平所村全体小孩子，日借阅量在100~200本，也是通过"书笺小驿"的创办和运行，平所村的小朋友记住了来自川外图书馆的"李书记"，今天无论走到哪个村居，只要碰到村小学生，都有孩子亲切地与他打招呼："李书记好。"

图4.13 "书笺小驿"办成了四川外国语大学图书馆的分馆

　　每年6月，高考过后，平所村的高考学子都面临着填志愿报学校的困惑。无论家长和子女，对此都感到无所适从。针对这个问题，李江书记自2021年驻村伊始，就主动谋划"平所高考子弟志愿填报辅导讲座"。填报志愿的前三天，李江书记精心准备PPT，在平所村委会会议室开讲，讲座后还通过微信为每一个参加高考的平所子弟做一对一的精心辅导，直到志愿填报确认无误，为平所子弟顺利进入大学深造提供了坚强的后盾。两年来两场讲座，惠及60名平所、秀山子弟。有慕名者甚至打电话来远程咨询，只要是秀山的孩子，李江书记都一一答疑并精准指导。2022年的讲座，直接把3个秀山子弟送入了四川外国语大学，3人分别就读德语学院、商务英语学院和英语学院。乡村振兴五大任务中，人才振兴是非常重要的一部分，乡村的未来就在这些从大山走出来的孩子身上，只有他们走出去，接受高质量的大学教育，才能改变自己的命运，从而从根本上改变乡村的贫困和落后。作为从大学走出来的驻村书记，李江书记对此深有体会，因此更切身力行，利用自己的学识和资源，关注乡村教育，关爱乡村的孩子，关注乡村的人才振兴，以实际行动践行驻村书记的责任与担当。

五、提升乡风文明水平，助力乡村文化振兴

自2021年5月驻村以来，按照乡村振兴的工作要点和镇党委的工作部署，全面修订村规村约，规范乡风文明，李江书记协助村支两委在村委会和各村组显著位置设立乡风文明展示栏，大力宣传乡风文明，推广其中涌现出的典范个人、家庭。规范平所村村居墙面的美化和语言规划，于无声处传递平所千年耕读文化、孝道文化、家庭邻里和谐文化和社会主义文明新风尚、新伦理，提升乡风文明，助力乡村文化振兴。为了更好地推广乡风文明，李江书记将人居环境治理、防疫抗疫等的内容录成音频，背着播放机，骑上黄色小电摩，走村入户进行现场宣讲。反复地播放，既宣传了党的乡村振

兴的方针政策，也让平所老百姓认识了他这个来自高校的书生书记。工作做到实处，也就离老百姓的心更近一些。距离感没有了，工作开展就顺理成章了。

从驻村那天起，李江书记就琢磨如何利用高校的优势，为平所老百姓做点什么。2021年带领工作队组织四川外国语大学"蒙华夏根，正炎黄魂"文化志愿服务队开展暑期大学生"三下乡"社会实践活动，将先进的文化、文明风尚融入乡村，在平所村开展了山水隘口、大美乡村垃圾分类环保讲座、"小我融入大我，青春献给祖国，与世界相约"多语言课堂教学、"筑梦七彩人生"平所留守儿童声乐舞蹈才艺坊、"颂党恩，传家风"最暖全家福拍摄活动、广场舞教学、"传承文化·强国有我"非遗技艺体验教学等提升乡村文化文明风尚的多项活动，极大地丰富了平所村的业余文化生活，为乡村文化振兴注入了一股清流。在三下乡活动结束的前夜，精心组织了四川外国语大学"蒙华夏根，正炎黄魂"文化志愿服务队助力平所乡村振兴村民联欢晚会，时任隘口镇的党委及政府领导悉数出席，与民同乐，全村总计600人现场观看了晚会。晚会将"扶智筑梦七彩课堂"系列教学成果和文艺活动紧密结合，由团

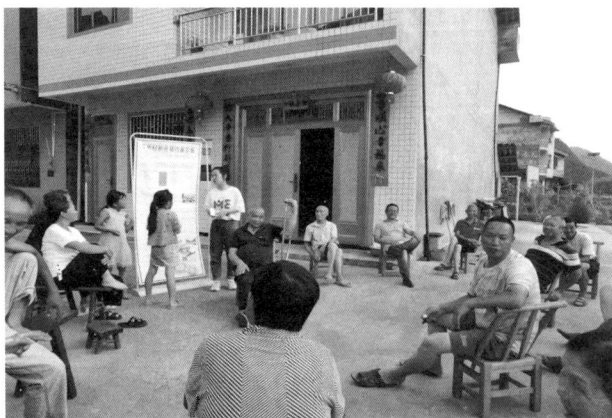

图4.14 第一书记为当地村民和留守儿童倡导文艺活动

队成员和平所村民共同演绎。当地非物质文化遗产秀山花灯和多民族、多国家的文化艺术相碰撞，团队成员们精彩纷呈的表演、当地村民和留守儿童的积极参与为全村带来了一场非凡的视觉盛宴。

2022年5月至7月，李江书记邀请四川外国语大学3支大学生社会实践团队分别在5月、7月到平所开展三下乡社会实践，关爱儿童、妇女和广大群众，为平所父老乡亲、留守妇女和儿童开展丰富的文化活动，助力平所村文化振兴，改善平所老百姓精神生活和精神风貌。四川外国语大学"锦上花"团队一行5人在平所村开展缠花非遗教学和小学生红色主题活动，历时3天，受到村民和学生一致好评。川外西方语言文化学院"三下乡"团队一行11人，在党总支副书记许令仪带领下在平所村开展青春筑梦社会实践活动，历时5天，为留守学生介绍西班牙文化，教学西班牙语，开展游戏互动，陪留守儿童度过快乐暑假；四川外国语大学国际教育学院学前教育专业8位学生到平所村开展"稚童E行"社会实践，在留守儿童中开展红色绘本教学、少儿舞蹈教学、红色价值传承、游戏互动等活动，历时1周，陪伴留守儿童度过愉快暑假。当这些大学生实践团队结束工作，与村民和留守儿童告别时，彼此都依依不舍，流下了不舍的泪水。

"三下乡"社会实践活动将先进的科技、知识、文化以及先进的生活理念带到乡村，启蒙乡村、智力扶贫，助力乡村文化振兴和人才振兴，既大力弘扬了中华优秀传统文化，也为乡村带来新鲜思想与理念，帮助村民感受世界多元文化，坚定文化自信，为下一代筑牢理想信念，培养新时代社会主义新农人起到了积极的促进作用。

李正廷：
用实干书写东坪村乡村振兴新答卷

自 2021 年 5 月 13 日以来，在学校党委及当地各级政府和领导的关心支持下，李正廷书记的驻村工作迅速展开。为尽快融入和展开"两不愁三保障"的乡村振兴工作，李正廷书记进村入户走访，听取老百姓的民声，尤其是群众对脱贫攻坚成果、全面推进乡村振兴的意见和建议。东坪村委会下辖六个村民小组，李正廷书记于 8 月下旬对全村 524 户 1679 口人中的全部在村户进行入户走访，认真落实巩固拓展脱贫攻坚成果，进一步完善监测机制，为乡村振兴工作做好有序衔接打下了坚实的基础。

全村走访结束以后，村居环境的"脏、乱、差"三个字始终萦绕在李正廷书记心里，无法抹去。白色生活垃圾、猪牛烂圈、残垣断壁比比皆是。东坪村虽然是秀山的二级饮水保护地，可是每到一地，只要是晴热天气，都能闻到一种说不出的味道；叶家寨村同样也是白色垃圾遍地；大坟堡口袋湾有一条小水沟，里面的生活垃圾、白色垃圾等随处可见。此外，村民的卫生习惯也有不少问题。如何解决这些问题，给这个来搞乡村振兴的第一书记真的是出了一道难题。怎么解这道题？在出征大会上，学校领导讲了很多方法，还提了要求，前一批驻村同志也分享、介绍了很多经验。其中，苟书记说："对于高校扶贫工作而言，最主要的是要智慧扶贫。"看来只有理清思路，结合东坪村的村情民意，来规划乡村振兴的思路了！

东坪的基本情况如下：东坪村系隘口镇五个贫困村之一，位于隘口镇西北部，距隘口镇政府12公里，距县城36公里，村面积12平方公里，境内的地形是两山夹一河，现有耕地面积1217亩，林地面积近7800亩，海拔在660~1300米之间。东坪全村524户，1679人，辖6个村民小组，分别为：大毛坡村小组、大水溪村小组、大茶园村小组、大坟堡村小组、桃子沟村小组、叶家寨村小组。东坪村现有低保户140人，残疾人61人，五保户11人，目前全村动态监测户3户。留守儿童38人，留守老人68人，开发公益性岗位38个（其中保洁员12人，护林员26人）。整体来看，东坪村是有山、有水、有产业。村里的产业主要是中药材，现有山银花约1200亩，黄精约200亩，黄精育苗基地36亩。从这些数字来看，想带动这么大一个村走致富、走乡村振兴之路，并不是很容易。怎么办？一个字，只有"干"！李正廷想，必须按乡村振兴战略来走出振兴的第一步，即产业振兴、人才振兴、文化振兴、生态振兴、组织振兴五大战略。首先抓党建引领推进产业发展，增创村集体经济带动强村富民。其次抓人居环境治理，提升美丽宜居环境。另外还要借学校的优势，聚各方资源增强帮扶力度。在一年多的振兴工作中，李正廷主要通过以下几个方面做推手，走出了东坪振兴的第一步。

一、隘口镇东坪村的主要工作与成效

1. 抓党建、强班子、增活力，推进产业发展，带动强村富民

李正廷书记在村里始终注重加强党建引领工作，落实好"三会一课"制度，抓好党支部的战斗堡垒作用。这是因为，李正廷书记坚信：一个坚强的支部和好的班子是乡村振兴和各项工作的关键，所以我们应发挥好党员的先锋模范作用，将一名党员当作一面旗帜，把旗帜插在百姓的田间地坎上，发挥最大的热能效应。于是，李正廷书记在充分调动现有班子积极性的基础上，动员激励人才返乡建设。经过努力，目前村里班子成员中大学生有四人，其中1人是刚引进回村的大学生本土人才，基本达到干部党员年轻化、知识化的要求。

目前东坪村在党建的引领下，各项工作正在蓬勃发展！产业方面，深挖细扣，稳步推进。想当初我刚到村前便看到"中国黄精第一村"，进村后却了解到，全村黄精种植面积不到200亩。经李正廷书记询问后，他们都说怕种出来卖不了好价，为了打消村民的顾虑，他在村里大力开展宣传、开院坝会、上门动员；最后为了让村民能获得收益，村支两委研究决定，村里黄精育苗基地的苗给本村村民种植只要3角一苗，按1元一苗的价格村里给每位村民补贴7角一苗。通过这样的优惠政策，全村的产业总算发展起来了！最少的户至少也有一亩，按现市场价，一亩黄精管护好，保守估计至少能卖出3万元。借此，村产业富农的发展总算起步了！现在，游客走进"中国黄精第一村"可以看到家家户户都种上了黄精，他们有信心说"房前屋后有黄精"——这一点儿也不夸张。此

外，村里还引进了一个种植大户，村里出苗入股按7角一苗的成本和种植大户共同发展，壮大了村集体经济，全村黄精种植由原来不到200亩发展到了现有的500亩。另外大棚育苗经过一年多的管护，于

图4.15 第一书记带领村党员重温入党誓词

今年5月实现了销售额约120万元，今年年底就可以给全村分红了。

2. 抓人居环境治理，提升美丽宜居村落

东坪村在2021年9月开始启动人居环境治理工作，该工作就是在党建引领下，根据"村干部带头、党员先行、村民跟进"的思路，充分调动村民的内生动力，让村民意识到：自己的家园自己建，自己的事情自己干。在这样的氛围下，村支两委设定方案，首先对村进行"三清五化"工程（三清就是清除垃圾杂草、清理污水、清理残垣断壁及猪牛烂圈，五化就是美化、量化、净化、绿化、文化）。然后根据村情民意，本着靠山吃山、靠水用水的原则，用山上的竹子做成竹篮子，把村里一些报废轮胎刷漆当花盆，把村民以前用的一些旧工具清理后摆放好，要求各家各户房前屋后打扫干净，室内物资摆放整齐，柴火堆放整齐，鸡鸭入圈不乱跑。大家共同努力，战天斗地，战高温、斗酷暑，晴天一身汗，雨天一身泥，历时20天，叶家寨投入劳动力约500名，清除残垣

图4.16 第一书记带领村干部改造人居环境

断壁猪牛烂圈17间，清除垃圾杂草约30吨，清理污水沟约2公里。通过治理，村民发自内心地感慨他们所看到的村居变化。村民叶正斗说："今年我84岁了，但是叶家寨今天这个变化，环境变美了，人的心情也好了，共产党的政策好啊！"叶老说着竖起了大拇指。还有一位住在县城的老婆婆回到村里对我说："李书记呀！我嫁到叶家寨几十年了，从来没有这样搞过，还是你们村干部行，把村里搞得这么漂亮，这么美，我要把老房子修一下，从县城搬回来住了。"10月20日马文森县长来村里视察，对这里的村居环境治理工作给予了充分肯定。之后镇里书记、镇长还带全镇另外10个村书记来村开了现场会，对他们的成果进行全镇推广。通过治理，现在的东坪村的环境面貌焕然一新，让人来到这里能"望得见山，看得见水，记得住乡愁"。

二、聚高校资源，抓扶贫成效，拓宽乡村振兴扶贫路

1. 与学院联谊开展大学生下乡助力乡村振兴活动

2021年7月，为进一步深化乡村振兴，加强农村基层宣传思想文化工作和精神文明建设，巩固拓展脱贫攻坚成果，四川外国语大学新闻传播学院与秀山县隘口镇东坪村开展

"'助力乡村振兴，智慧强国有我'三下乡"活动。此次活动中，学院的青年大学生宣讲并普及"支农惠农"的重大政策，帮助农村基层群众学习并理解党的创新理论；此外，学生们还尝试将新型智慧城市建设与数字乡村建设相结合，开展"数字反哺大行动"智能手机老年班等活动，充分开展智慧扶贫，将科技带进乡村，推动乡村振兴开好局、起好步。

2. 与童家桥商会联系开展扶贫工作

童家桥街道商会为巩固拓展脱贫攻坚成果，助力乡村振兴，充分发挥自身优势，积极主动作为，与东坪村联系参与扶贫和振兴工作，践行商会社会责任。2022 年 7 月 15 日，童家桥街道商会举办"同心聚力乡村振兴、携手共绘美丽新篇"活动，主要内容如下：

关心困境儿童：隘口镇东坪村的吕星羽（化名），今年 15 岁，平时学习成绩优异，但 10 岁时父亲过世，母亲有智力障碍且已改嫁，这些经历使小吕无形中产生了思想压力和精神阴影。童家桥街道商会相关人员到其家中走访慰问，并送去了 1000 元救助金；沙坪坝区政协文联副主席石芸给吕星羽做耐心的思想疏导工作，帮助她摆脱心理阴影，鼓励她积极向上，树立人生目标。此外，童家桥街道商会在本次活动中共支出 3 万元对 40 名困境和留守儿童每人给予 300 至 2000 元不等的学习用具或资金帮扶，

图4.17 第一书记链接童家桥街道帮扶资源

图4.18 李正廷和村民一起劳动

对未成年人实施了思想疏导和精神抚慰，收到良好效果。

关爱留守老人：活动中，童家桥街道商会相关人员耐心细致地为东坪村的老人答疑解惑，普及健康保健知识，倡导文明健康的生活方式。他们为老人送上棉被、被套等生活物资，认真细致地询问五保户、残疾老人的生活情况，还时不时地叮嘱老人们在天气多变的季节一定要多注意身体。通过开展敬老助老活动，商会为东坪村营造了浓厚的孝亲敬老的氛围，增强了广大老年人的幸福感、获得感，让老人们深切感受到了温暖和关怀。

开展经典阅读：活动充分发挥在家青年大学生的优势条件，利用暑假开展假期关爱留守儿童的经典阅读活动，关注留守儿童的健康成长，丰富留守儿童的业余文化生活。区文联党组成员石芸副主席自发捐助500元当作活动经费，并提供书籍《学庸论语》20本。孩子们早上定时参与村委会的阅读活动，聆听讲解员的详细讲解，亲身体会经典中的传统文化，和在家大学生志愿者们一起参与到经典阅读活动中来。活动深入了解留守儿童的需求，为他们营造良好的学习生活氛围，激励他们自强不息，不断进步。活动还向村委会捐赠冰箱一台，提升了村委会生活条件。重庆务实电子商务有限公司总经理、童家桥商会会长周应红介绍，接下来童家桥街道商会还将继续借助商会在规划、人才、科技等方面的优势，为隘口镇东坪村产业和农产品的发展及销售提供更多的支持和帮助，助力东坪村在巩固脱贫攻坚成果的同时全面推进乡村振兴各项工作。

第五章

服务西南：
参与区域经济发展战略的
地方担当

四川外国语大学秉承"扎根西南、辐射全国"的办学理念，坚持"海纳百川，学贯中外"的发展思路，积极探索实践在成渝双城经济圈建设外语特色大学的发展之路。

办学定位融入国家战略，
突出区域特色

　　学校紧紧围绕国家的重大战略以及习近平总书记在视察重庆市提出的"把重庆加快建设成为西部地区的重要增长极、长江上游地区的经济中心、城乡统筹发展的直辖市"，立足现有学科实际，充分利用西南地区特色资源和优势，以外国语言文学学科为基础，文学、经济学、管理学、法学、教育学、哲学、艺术学等多学科共同发展，构建了结构优化、布局合理、优势明显、特色突出的学科体系。2017年学校明确提出，建设与国家重大战略需求和地方经济社会发展需要相适应、重点培养国际化应用型人才、外语特色优势学科水平一流、多学科协调发展的高水平应用研究型外国语大学。

　　抓牢本科教育，优化人才培养。深入贯彻"坚持以本为本、推进四个回归"工作要求，完善本科专业建设体系，开放教学资源，推进本科教学质量提升。制定一流本科教育建设工程规划纲要及相关配套办法，构建"通识教育+宽口径专业教育"本科人才培养模式、产学研协同的应用型人才培养模式。设置大类本科专业，依托优势学科，打造特色专业；对传统文科专业进行新文科改造，探索建设发展新文科专业。

推进教法、学法、考法改革，带动本科教育教学能力提升。突出教育教学业绩，明确教授、副教授等各类教师承担的本科生课程的教学课时要求，在教师专业技术职务晋升中实行本科教学工作考评"一票否决制"。依托重庆市高校新文科建设、国际化特色高校项目，打破学院壁垒，突出外字头特色，培养学生专业志趣，促进学生专业学习与全面发展。

图5.1 四川外国语大学歌乐书院首届学生开班典礼暨新文科背景下首批交叉专业教改班开班典礼

2018年以来，学校积极响应国家"一带一路"倡议和重庆市经济建设重大需求，在重庆市教委的大力支持下，成立非通用语学院，陆续开设了希伯来语、匈牙利语、波兰语、捷克语、罗马尼亚语、印地语、马来语、缅甸语、乌克兰语、土耳其语等非通用语专业，践行"外语+"理念，实行"非通用语+通用语""非通用语+专业""非通用语+国别研究"的人才培养路径。采用复语（非通用语+英语）、复专业（非通用语+外交学）、新闻学（国际新闻）、法学（国际经济法）、国际经济与贸易和汉语国际教育培养模式，并实行"2+1+1"培养方式，学生在第三年有机会通过申请国家留学基金管理委员会项目资助，前往非通用语对象国交流学

图5.2 重庆非通用语学院授牌仪式

习。非通用语人才的培养，极大地助推了重庆乃至西南地区的经济社会发展。

　　建强科研平台，服务国家战略。学校以培育"大平台、大项目、大交叉、大成果"为目的，组建重大项目科研团队，推动科研创新工作精准化、精细化发展。全力支撑重大战略部署在成渝及西南地区当地贯彻实施。2014年学校与重庆市外经贸委合作成立了重庆市国际战略研究院。研究院专注建立国家"一带一路"倡议和长江经济带总体部署下全市国际化战略理论、实践与政策等问题研究的地方性智库，并通过研讨探寻重庆在国家"一带一路"倡议和长江经济带总体部署中存在的机遇和挑战，促进重庆国际开放型经济资料库、国际战略研究学术交流平台、国际战略研究人才交流的培育平台的进程。2022年，学校整合校内多个研究机构，成立国别和区域研究院以及当代中国研究院。国别与区域研究院对世界各国和地区的政治、经济、文化、外交、社会、教育、军事等的综合性研究，涉及政治学、经济学、历史学、国际关系学、外国语言文学等多学科领域，目标是构造全方位的国际问题知识体系，为各个国家和全球整体服务，争取以有

图5.3 区域国别研究院授牌仪式

图5.4 四川外国语大学2021国际文化节

图5.5 国际传播学院揭牌仪式

特色的科研成果为社会服务，力争发展成为"重庆第一、西南领先、全国一流"的高校国际问题研究新型智库。当代中国研究院主要着力于开展中国特色社会主义研究，从中国历史、马克思主义中国化、中国特色社会主义思想、中国道路与制度、比较制度学等领域开展当代中国研究，以及在此背景下中国改革的重庆经验。聚焦于国别与区域传播、跨文化传播、国际战略传播体系建设、重大突发事件国际传播、对外宣传与舆情监测、软实力建设、国家与政党形象传播、反贫困经验国际传播、重庆区域国际传播等领域研究。通过多语种传播与译介研究中心，进行多语种话语构建与传播、多语种经典外译与传播、中译外研究、多语种话语语料库与数据库建设、多语种国际传播与舆情监测、多语种语言社会服务等领域的学术研究、智库服务、人才培养、交流合作。

加强国际交流，助推人文交流。学校与30余个国家或地区的100余所高校及机构建立校际合作与交流关系，建有中澳商务英语、中法物流管理等2个教育部批准的中外合作办学项目，与俄罗斯下诺夫哥罗德国立语言大学、多哥洛美大学、美国俄亥俄州东部中央教育服务中心建有孔子学院3所，与厄瓜多尔思源中国语学校建有孔子课堂1所。近年来，学校积极开展本硕博各类人才培养、师资培训、科研合作、海外引智，年均接收各类国际学生400余人，长短期外专外教70余人，外派教师100余人、学生600余人。

第二节

人才培养过程服务区域经济，
校企产教融合

　　学校对标"双一流"建设目标，向目标要担当，向改革要动力，进一步解放思想，深化综合改革。为服务地方区域经济发展、推动校企全面深度合作、适应企业需求，学校在综合改革中，成立了校地合作处，专门负责与地方政府、企事业单位的对接，本着"优势互补、资源共享、合作共赢"的原则，将学校的教育事业发展、人才培养、专业设置与地方和企事业单位的需求相对接，积极构建社会参与机制。

图5.6 新文科背景下校企融合发展系列讲座"筑梦希望 志创未来"

　　2021年以来，学校先后与广安市人民政府、沙坪坝区人民政府、九龙坡区人民政府、武隆区人民政府、重庆市政府外事办公室、荣县县人民政府、中国工商银行重庆市分行、华为科技有限公司、人保财险重庆分公司、重庆日报报业集团、陆海新通道运营有限公司、传音控股股份有限公司等十余家单位开展战略合作。针对新冠疫情对就业市场带来的冲击，学校积极组织了"访企拓岗"专项行动，学校领导带头实地走访用人单位49家，通过双选会现场走访用人单位122家。

2021年，学校牵头业内专家参与了重庆市公共场所标识标牌设置工作，组织撰写了《重庆市公共场所标识标牌英文译写规范》（以下简称《译写规范》）。2021年底《译写规范》编制完成，各试点区域现正根据《译写规范》完

图5.7 学校与中国工商银行重庆市分行签订战略合作协议

图5.8 学校与华为技术有限公司签订战略合作协议

图5.9 学校与人保财险重庆分公司签署战略合作协议

成中英文公共场所标识牌的设置工作。此项工作为推进重庆打造内陆开放高地和中心部国际交往中心建设，提升重庆市国际影响力贡献了四川外国语大学的智慧。

图5.10 重庆市政府外事办公室标识标牌翻译工作座谈会

创新创业实践育人新模式，
助力区域经济发展

  学校高度重视"双创"工作，充分发挥学校国际化特色，落实"立德树人"根本任务，在将重庆市建成在全国具有重要战略地位和西部地区具有核心引领作用的内陆开放高地的过程中，做好人才培育和人才支撑工作。为了使学生提前尽早融入到地区经济发展和市政府产业战略规划中，学校结合近年来我校毕业生就业流向（行业、企业分布）及可行性分析，紧紧围绕市场对国际化人才的需求，将创业教育注入专业教育，积极践行"创业育人"理念，鼓励和组织学生参加各级各类创新创业大赛，开展了各级各类训练营，通过理论传授、实战演练、训赛结合的方式，为不同需求的学生提供定制化指导服务，提升了学生的职业适应性，增强了学生就业核心竞争力和创业抗风险能力。

一、践行三融合的双创教育，思政示范课引领人才培养

  "创新创业导论"是四川外国语大学双创教育示范课程，于2021年获评重庆市首批课程思政示范课。课程以"寓德于

图5.11 第十一届全国大学生电子商务"创新、创意及创业"挑战赛总决赛

图5.12 市级课程思政示范课优秀学员社会实践团

课"模式推进教学创新，教学案例获优秀课程思政案例市级特等奖。课程以"课程实践化，实践课程化"的理念，将中国国际"互联网+"大学生创新创业大赛、挑战杯创业计划竞赛、本科生科研等高水平双创竞赛内容有机融入实践教学内容，建立"课—赛—研—创"实践教学模式。以"重庆地名大会""汉语角"等高阶性实践活动，让学生亲身参与，激发学生参与双创热情，锻炼高阶能力，孵化高水平学习成果。六年来，以"导论"为核心的双创课程群（"大学生创业教育""CDIO理念下创新创业训练"等通识课，以及"语言与文化""地名与文化""语言文字应用"等专创融合课）培育了近1600项学生文创项目，荣获三创赛全国特等奖、全国一等奖等对文科专业殊为不易的国家级、省级奖247项（互联网+大赛省级奖43项），是省级教学成果（双创教育）二等奖核心支撑课程，助力学校汉语

国际教育等6个国家级一流专业双创教育改革。

二、电商创业菁英训练营，助力电商创业人才培养

在"大众创业、万众创新"的政策号召下，学校积极开展双创教育和人才培养工作，坚持"创业+专业、产业、行业"以及"创业+精准扶贫"模式的深度融合，促进专业实践和创新创业综合体验相结合，提升大学生的实践能力和创业水平。结合互联网时代的电商趋势，2020年6月学校与重庆市涪陵电子商务产业发展有限公司合作共建了以探百村为电商平台的创业菁英训练营，帮扶我校对口扶贫单位——万州区白杨镇大悟村的农产品销售，为同学们提供电商创业实习实训平台。

训练营共计选拔28名学员参加，以"线上+线下""理论学习+平台实操"为主，涵盖32课时的电商创业理论学习和16课时的实操指导。在理论学习阶段，学员详细了解了农产品品牌运营、爆品打造、内容运营、用户运营、活动运营、产品运营等理论知识。在实训环节，一方面学员体验了如何进行产品设计、打造品牌形象和产品推广；另一方面将实训与公益相结合，在学习和熟悉线上交易模式与流程的

图5.13 川外&探百村电商创业菁英训练营

同时，帮助贫困村进行农产品（万州青柠檬、茨竹沟葛根粉、龙潭大米、乌江榨菜）的营销推广，提升农产品的销售量，提高村民收入，助力国家脱贫攻坚任务。

此类训练营，不仅培养了一批具备创新创业实践能力的电商人才，也进一步完善了学校的创新创业教育课程体系与实践平台，提升了学校双创教育质量，稳固了学校双创教育成果。

三、多语言人力资源合伙人孵化营，提升学生人力资源行业创业技能

为充分发挥外语外贸人才在推动重庆创新经济建设中多语言服务的重要作用，2018年开始，学校与嘉驰国际（现更名为Pro-Talent）共同开设了多语言人力资源合伙人孵化营。截至目前，共计举办6期，累计200余人参加。

孵化营通过"校内培训+企业实习+合伙人孵化"的模式，旨在最大程度帮助学员掌握从事国际人力资源相关工作的理论知识和实操经验。在校内培训环节，学员重点学习职位分析、简历筛选标准、面试技巧、沟通方法、各大名企面试风格、流程和技巧等内容。在企业实习环节，学员接受社会考验，和正式员工共同参与项目，全流程全方位操练人才寻访和面试，以"面试官"的角色真正融入到人力资源工作中，极大提升了职业素养和实际工作能力。在合伙人孵化环节，学员将着手完成客户交付，开始独当一面，充分体会成为合伙人需要担当的责任和承担的风险，在实践中体会创业的不易和艰辛。通过训练营的培训，已有近50名毕业生成功进入华为、中兴、腾讯、字节跳动等名企人力资源岗位就业，更

有 3 人成长为国际人力资源管理咨询公司区域合伙人。

学校探索的创新创业实践育人新模式，在市场需求快速变化的背景下，为高校人才培养提供了很好的补充，充分弥补了人才培养滞后不能适应社会发展的短板。在育人新模式的助力下，学校学生就业创业能力得到不断提升，被激发的创新创业精神也运用到各行各业中，在为重庆市打造内陆国际物流

图5.14　多语言人力资源合伙人孵化营（第四期）

图5.15　多语言人力资源合伙人孵化营（第六期）

枢纽、内陆国际金融中心、国际消费中心城市，构建高质量开放型经济体系，提供了有力的国际人才支撑，进一步融入和助力区域经济发展。

第四节

学校远景规划服务成渝双城经济圈

四川外国语大学积极响应国家建设成渝地区双城经济圈的号召，主动作为，2020年与重庆高新技术产业开发区管理委员会签署合作框架协议，规划建设"一带一路"科技交流中心。双方就具体实施方案进行磋商。2021年1月与广安市人民政府签署合作协议，将在涉外咨询服务、教育合作交流、干部培训合作、人才交流合作等4个方面开展务实合作；学校充分发挥优势，促进广安市对外交流与合作，参与广安市和川渝高竹新区建设发展，为广安经济社会发展提供智力支持；

图5.16 学校与广安市人民政府签署战略合作协议

支持、指导和帮助广安部分高中学校、广安职业技术学院的发展建设，参与广安高等教育发展；与小平干部学院开展多种形式合作，帮助广安加强干部培训，提高广安干部综合素养；深化人才交流合作，建立互派干部双向挂职锻炼机制，积极推荐优秀毕业生到广安市及川渝高竹新区就业创业。

2021年5月，与重庆高新技术产业开发区管理委员会签署合作共建四川外国语大学重庆科学城中学项目协议，该项目位于科学城白市驿镇东侧，紧邻农科大道，学校采用分期建设方式，一期工程用地面积62665.93平方米，

图5.17 高新区管委会与学校合作共建四川外国语大学重庆科学城中学项目

建设规模约11万平方米，包括教学楼、实验楼、体艺楼、行政综合楼、图书科技楼、学生食堂、学生宿舍、教师宿舍以及地下车库等，预设60个教学班。2022年9月开学招生。

2021年5月，学校与重庆市沙坪坝区人民政府签署《重庆市沙坪坝区人民政府、四川外国语大学关于四川外国语大学新校区建设合作框架协议》。根据协议，新校区拟选址在沙坪坝区回龙坝镇五云山村，紧邻建设中的成渝中线高铁科学城站，新校区建成后，学校将整体搬

图5.18 学校与重庆市沙坪坝区人民政府签署《重庆市沙坪坝区人民政府、四川外国语大学关于四川外国语大学新校区建设合作框架协议》

迁。按照学校目前至 2035 年的发展规划，我校学生规模将逐步增加，到 2035 年将达到 2.5 万人。教师按照学科专业增长，至 2035 年将达到 2000 人，总教职工数为 3000 人左右。此外，学校建成后，将成为成渝双城经济圈在外语和外语特色人才培养、国际和区域合作交流、国别和区域研究、重庆对外开放和国家深度开拓的重要基地，未来在服务国家和地方经济社会发展中发挥更大的作用。

结　语

　　民族召唤青年，时代呼唤担当。高校作为青年培养的摇篮，要把培养担当时代使命、肩负民族复兴的时代新人作为己任，要用习近平新时代中国特色社会主义思想铸魂育人，全面贯彻党的教育方针，落实立德树人根本任务。高校要践行时代使命，文化育人，就要从两方面着手：一是为学生培养未来走向社会的能力，鼓励学生发现问题、思考问题、解决问题、跨越问题，以发展创新精神和实践能力为主线，培养未来应对社会和职场挑战的能力；二是为学生培养理想信念和价值观念，以国家发展思想为准绳，建立政治意识、大局意识、核心意识、看齐意识及道德规范，让学生明白自我的位置及责任，当好新时代的建设者和推动者。

　　文化育人无疑是大学的基本功能。在高校的人才培养中，要把文化贯穿在教学的全过程，坚持以文化人，文化育人。文化育人的本质就在于以人类文化的正向价值为导引，教化人走向道德、理性、真善美，从而实现立德树人的目标追求。文化育人的作用是激发个人的创造力，提高和培养个人的独立思考能力，以及建立社会价值观念和人文精神。文化育人意味着通过延续重要的传统、习惯和经验，努力促进文化对人的永恒力量。文化育人是大学的基本功能，德国存在主义哲学家、神学家卡尔·西奥多·雅斯贝尔斯将大学的功能分为研究、传播知识和文化教育。大学肩负着为国家、社会培养高素质人才，创造新理论、新思想以引领社会的重任。

　　七十余年办学，七十余年育人。新时代下，四川外国语大学将继续提升学校的文化总量及其品质格调，站在文化的高度，用文化的方式，努力探索文化育人的途径和方法，践行时代赋予的使命与担当，用文化培育肩负中华民族伟大复兴使命的时代新人！

后　记

　　本书系"四川外国语大学新文科建设系列教材"之"新文科建设：以文化人系列丛书"之一，也是苟欣文教授领衔的2020年度重庆市高校思想政治工作精品项目"文化育人"之"时代使命育人"课题的最终成果。

　　时代使命育人，是立足中国大地办高等教育的重要特色。四川外国语大学经过70余年发展，在践行时代使命、文化育人方面积累和创造了诸多成果。学校决定将这些年在服务国家战略中培养具有"家国情怀"的高层次人才而进行的探索及成果展现出来，记录和反映了四川外国语大学70余年的时代使命育人的实践与成效，讲述川外人如何践行时代使命，文化育人。这是本书得以撰写出版的缘由。

　　本书是团队合作产出的成果，很多老师和工作人员在百忙之中为本书的完成付出了心力。林移刚教授是本书的统稿人，主要负责统筹协调和全书的统一定稿，并撰写本书的绪论，第二章第一节、第四节，结语以及后记；常慧明撰写第一章；蒋晓丽撰写第二章第三节和第五章；陈派撰写第二章第二节和负责书中其他图文收集；秦勇、何冰艳、申安桂分别撰写第三章第一、第二、第三节；马驭骅、官晴华、李正廷、李江分别撰写第四章第一、二、三和第四节。

　　本书的完成，首先要感谢苟欣文教授。本书由他发起倡议，书稿在此倡议的基础上提炼总结而成。书稿同时得到学校党政办、校地合作处、校团委、国际法学与社会学院等各个职能部门和教学单位的密切配合与帮助。还要感谢本书的书写作者和我的研究生莫帮洋、崔若诗和崔晏楠，他们对本书的完成也做了许多工作。

由于本书作者水平有限，疏漏之处在所难免，还望各位专家及读者多多批评指正。